地域の価値を磨く子ども時代からの学び

観光市民のつくり方

玉川大学名誉教授　寺本 潔

はじめに

現代人は、観光（ツーリズム）を通して人生を謳歌したい気持ちを持っています。旅心は、まるで遺伝子のように私たちの脳裏に刻印されています。旅行に出かける際、旅じたくから気持ちが高ぶるのはなぜなのでしょうか。また、自分の住む街に来た観光客が楽しそうに過ごす光景を垣間見る際、ある種の幸せを感じるのはなぜでしょうか。観光は、「感幸」に通じる人生に欠かせないエッセンスなのかもしれません。

これからの日本の観光業は、製造業と並びリーディング産業への仲間入りを果たすでしょう。移動の喜びを人々に与え、様々な産業を支える役割として観光事象や観光業が、地域や国の評価を高め、まちづくりにも貢献できるからです。でも、その変化に適応し寄与できる人材は著しく不足しています。市民のシビックプライド（Civic Pride：都市や地域に対する市民の誇り）を高めるためにも観光は牽引役を果たせます。特に、次代を担う子どもたちが観光の学びを通して地域や国の振興に参画できる市民（本書では「観光市民」と呼びたい）となることが期待されます。

旅行は人々に心身の健康をもたらし、観光事象は地域の多産業にビタミンのような活力を届けます。さらに観光という行いや営みが、観光業や人々の余暇のための役割を担っていると捉えるだけでなく、観光事象そのものに自己成長を促す教育力が備わっていると認識することが大切です。ちなみに英国やフランス、中国、韓国、ハワイ州、カリブ海諸国の初等中等教育では、観光を題材とした学びが学校のカリキュラムに組み込まれています。韓国や中国では普通科高校用教科書も発刊されています。日本では二、三の社会科教科書に二頁ほど触れられていますが、まとまった観光題材は見当たりません。わずかに二〇二二年度より実業高校商業科（高校生の四％）に「観光ビジネス」が新科目として設置され教科書も発刊され始めました。高校普通科では、選択科目「地理探究」に「交通・通信、観光」が内容項目として入り、検定教科書中に数頁の記載が見られるようになりました。わずかですが、一歩前進です。

本書で主張したい地域や国の振興を支える観光市民の育成は、多文化への寛容心を育み子どもの視野を外に拡げるだけでなく、内に向けても有益な資質・能力を与えます。地域振興に向けた企画力や多角的な思考力、地域への愛着と誇りが期待されるからです。本書は教員だけでなく、観光市民の育成に関心を持つ自治体職員、地域の交通産業従事者、観光協会並びにご子息をお持ちの旅館・ホテル経営者の方々に読んで頂きたいと願っています。今後、観光市民の育成に不可欠な観光教育が各方面で話題になり、将来教育内容として認められ、複数の教科の教科書中で記述されたり、総合的な学習（探究）の時間や「ふるさと教育」「修学旅行指導」の題材としても選ばれたりする日を夢見たいと思います。

末尾になりましたが、本書の刊行に力を貸して頂いた日本橋出版の大島拓也さんをはじめ、観光庁並びに（公社）日本観光振興協会、沖縄観光コンベンションビューロー、北海道教育委員会義務教育課、日本観光研究学会、日本地理教育学会の関係者に記して感謝の意を表します。

令和六年二月

寺本　潔

CONTENTS

第一章

観光市民をつくる意義

1 地方を救う観光の役割

外国から安全・安心な国として注目され、円安傾向やクール・ジャパンへの関心、カワイイ文化への人気も相俟って来日観光が加速しています。心配は特定の観光地に同じ時間、過剰な客が押し寄せるオーバー・ツーリズム（観光公害）が再燃しかねないことです。コロナ禍以前と同じ観光の再興を求めるだけでは不十分です。各地方で眠る観光資源を見出し、客を多様な地域に誘導し情報（ＡＩ）活用による混雑の周知により局所での深刻な混雑を緩和することが早急に必要です。それと並行し観光による「交流や関係人口」の創出、移住やワーケーション、探究的な修学旅行（教育旅行）も大胆に拡充する必要があります。日本遺産をテーマとした学び旅やウェルネス（健康）や医療、アニメ、スポーツ、アドベンチャー、ワイルドライフ、ダーク（悲しみの場所を訪れる）などの個別テーマのツーリズムも魅力があります。

幸い、海外の観光地に比べ日本は安全と清潔さ、住民のホスピタリティにおいて極めて優れています。一昨年六月に開催されたダボス会議で日本が観光競争力の面で世界一位と評価されました。観光案内や宿泊サービス、交通アクセス、質の高い土産等、基本的なインフラやサービスの点でも地方と都会の格差は大きく開いていません。地方でも魅力的なプログラムや効果的な発信が実現すれば、多くの観光客を誘客できます。日本式旅館も光の当て方を工夫すれば立派な観光資源になります。畳の間や床の間、生け花や小物、布団、風呂、割烹料理、仲居さん、和風の中庭は、その伝え方次第では日本文化を象徴する魅力として外国人や日本文化に縁遠い子ども・若者から注目を集めることでしょう。そのためにも旅館文化の魅力を価値にかえる発想力や企画力が観光を支える市民には求められます。

今後、観光市民と呼べる資質を有した人々にこそ身に付けてほしい能力は、他者目線で捉えた地域固有の価値発見力です。自分の住む地域の魅力を客観視し、他者目線でその価値を磨くことのできる能力です。観光客の多様なニーズに応え、ある種マーケティングの視点を有した企画力や着地型観光プログラム、周遊コース、地域磨き（ブランディング）に向けた開発力です。観光（業）が広く多産業に寄与する業態であることを具体的に理解し、自分自身も仕事と余暇のバランス（ワークライフバランス）を図りつつ積極的に人生を謳歌できる資質（ウェルビーング）を培いたいものです。

例えば京都市中心部に住む人々は長年、国内外から訪れる観光客との接し方を自然に身に付け、京ことば「おいでやす」の精神で、観光客に対して自然体で京文化の解説ができます。そういった市民を各地で育てたいものです。

一方、単に外国語会話やホスピタリティの力を獲得し訪日客対応が上手くなるだけでなく、自身のアウトバウンド（海外旅行）を愉しめる旅行力も大事となります。なぜならば、旅もしたことのない人が、観光客のニーズを汲み取り質の高い接遇やマーケティング、商品開発ができるとは思えないからです。

学校教育も観光市民育成の面で責任を担っています。教室で習う外国語や社会科・総合的な学習（探究）の時間は、これまで一定の外国理解やふるさと意識、市民的資質の育成に寄与してきましたが、教科書で学ぶだけで切実感が伴わないきらいがありました。自県や身近な地域の観光題材については「ふるさと意識」の醸成につながりますが、ほかの県や海外に関しては、行ったこともない国や県の様子やその国の言葉や文化をどうして授業で学ばなくてはならないのか、外国の地理や歴史・言葉などを教科書や地図帳、外国語会話レッスンを通して学習しなくてはならない根源的な意義を児童生徒にうまく説明できませんでした。その点、観光を題材とした学びは、他県や外国への旅や来訪者との交流場面を児童生徒に想像してもらい、学びの根拠となります。

2 観光知を育む教科・領域

見知らぬ土地への旅行を想像したり、実行したりする過程で獲得する資質・能力は多いものです。具体的には時刻表活用や旅程の立案、安全管理、美しい風景や貴重な文化財の観賞、スケールの異なる地図活用、簡単な外国語会話、買い物に必要な外貨両替知識、旅先の文化に対する知識と寛容性、価値観の獲得が考えられます。これらを総称してここでは仮に「観光知」と呼びましょう。観光知は、教科で言えば社会科や国語科、英語科、理科、家庭科、音楽科、図工（美術）科が担ってきた内容知の理解と大いに関係する能力であり、企画提案力や表現力の方法知は「総合的な学習（探究）の時間」の場で磨けます。旅行という題材でも過去の探検家や旅行家が記述して残した著名な紀行や家族で残した旅行アルバム、時には有名人による旅行ブログも観光知を磨くための教材になります。

観光知は移動にまつわる様々な局面で活用できる問題解決能力であり、外国語能力と共にグローバル人材につながる基本的な資質と言えそうです。来日する外国人観光客と会話する際の日本人としての態度も、実は自身の外国（語）理解度や旅行経験が関係しています。

10年程前になりますが東京の私立S小学校5年生に「旅行パンフレットからコラージュをつくろう」という授業を実施した際、児童の反応はとても良いものでした。好きな海外旅行パンフレット（旅行代理店の店頭で入手）を児童に提供し気にいった旅行パンフレットの写真や題字などを切り取り、手描きのイラストも混ぜてオリジナルの外国紹介コラージュをつくってもらいました。事後に書いてもらった1人の児童の作文を以下に掲載しましょう。

社会と旅行

「今日、寺本先生が旅行パンフレットをもってきてくれました。授業が始まり、コラージュづくりが始まりました。私は行った事があるオーストラリアにしました。私はこういう作るものが好きなので、やったー！と思いました。みんな、バスの写真などを切り取ってはり、すごくうまくてびっくりしました。私が一番心に残ったと思うのは、先生が『社会科の教科書には観光についての勉強がありませんよね。ぼくは、社会の授業に観光という勉強をとりいれていきたいのです。』と言ったことです。私もようやくそんなことに気がつきましたが、どうして社会で旅行のことを勉強しないのだろう？と思いました。地図帳などで世界のさまざまな国のことはのっていますが、旅のことについての事はまったくかいてありませんでした。私は、いろいろな国に行きましたが、まだまだ行っていない国がたくさんあります。コラージュをつくってみてみると、その国に行きたくなります。今日の旅行についての授業はすごく楽しかったので、このような旅行についての授業がふつうになるくらい広がっていってほしいです。」（私立S小学校5年女子の作文より）

この作文から児童が積極的に旅行や外国の観光事象に関して向き合いたいと願う気持ちが伝わってきます。社会科に旅行という題材が含まれていない点にも疑問を抱いています。旅行体記述による国内外の描写は地誌に通じます。見知らぬ土地への興味・関心を引き出し子ども本来の探究心を刺激するものです。地理や歴史の面白味はそこにあるのではないでしょうか。さらに、コラージュ作品だけでなく旅程の作成も面白いものです。旅程とは限られた日数の中で目的に応じて効果的に観光するコース設定です。たとえ架空の旅程作成でさえ、学習者に旅行の臨場感を与え、自分自身で旅行を充実させようとし主体性を喚起します。当然、国内外の観光地までの移動で通過する土地の知識（地誌的な事柄）や訪問地までの地図活用の力も磨くことになります。時差やトランジット、入国審査、気候の差に応じた着替え、両替や現地での交通機関の知識、安全管理など旅行を遂行するための具体的な知識や技能も習得できるものです。幸福度は移動する人ほど高いとも一説には言われています。旅行事象がもっと学習内容に導入される日を待ち続けています。

3 観光教育は子ども時代から

観光教育は、子ども時代から開始されなくては効果的では無くなります。観光事象を肯定的に捉え、地理的歴史的な裾野の広がりや、対人関係スキルを伸ばす上でも学びがいの多い教育になるはずです。現行でも小学校社会科では既に第四学年の後半に単元「わたしたちの県のようす」が設けられており、自県がどういった特色があるのかを学ぶ機会があります。東京都の公立小学校では20数時間の単元で自分たちの住む東京都（伊豆諸島や奥多摩も含む）の地形や交通、産業、伝統工芸品（浅草）、外国とつながる東京都（大使館や羽田空港）などの学習が展開されます。でも、項目別に予め決められた内容について副読本『わたしたちの東京都』を読み理解する程度にとどまっています。したがって、児童自身の調べる意欲（主体性）が弱くなりがちなのです。

わたくしは、東京都新宿区の公立小学校への出前授業で「自然環境を生かした八丈島への観光へようこそ！」や「伝統文化を生かした浅草ツアー企画」を投げかけ、「伊豆諸島や浅草に観光客を呼び込むポスターをつくろう」と目的思考に変える学習を試みました。その結果、児童は嬉々として既存の観光パンフレット分析し、手製の観光ポスターを自作し始めたのです。

さらに五年の単元「気候や地形に応じた特色ある国内の地域（北海道や沖縄、八ヶ岳野辺山原、水郷の佐原）」、六年の単元「日本とつながりの深い外国（アメリカや中国、韓国、ブラジル）」においては、単に地理的な内容として扱うのでなく、そこへ旅をするという想定に組み替えることで俄然面白くなることが解りました。小学校英語の指導でも、沖縄県那覇市や北海道札幌市の小学六年生への出前授業で市の観光案内フレーズをペアになって簡単な英語で表現させたところ、学習が目的思考に変わり意欲が各段に高まりました。

中高校に上がっても英語科や社会科を始め、観光題材と絡めることのできる場面はあります。問題はそうした工夫を試みようとする教員がどれくらいおられるかです。早急に教員研修の機会に観光教育をテーマに講習会を開く必要があります。すぐにできることの一つとして、修学旅行の行き先調べで、訪問地を

SDGs（持続可能な開発目標）の視点から検討させたり、宿泊する旅館やホテル業の仕事取材や観光バスガイドさんへの取材も取り入れたりすることで訪問地の観光動向や観光業に従事する上での職業観を養うこともできます。修学旅行を物見遊山な団体旅行で済ませる時代は終わっているのです。

4 国内の観光教育の動向

「観光教育」という用語は「観光分野における人材育成を目指した教育」（JTB総合研究所観光用語集による）と定義されており、これまで大学や専門学校における旅行企画やホテル業、ブライダル事業など実務者育成に特化された用語として捉えられてきました。

一方、観光庁はホームページ上で「観光教育の普及に向けて」と題し、「次代を担う子どもたちが、観光が果たす役割について理解し関心を持ち日本各地の観光資源の魅力を自ら発信できる力を育む観光教育の普及に取り組んでいます。」と着地である観光地の子どもたちの資質・能力にも言及しています。観光庁では、大学の観光学部と観光産業界が連携した中核人材育成事業の推進を図ると共に二〇一七年度より小中高等学校段階における観光教育の調査やモデル実践校の指定（二校）などを介して普及事業を進め始めました。エポックとして、二〇一九年三月一三日に朝日新聞東京本社読者ホールを会場に、国主導で初めて「観光教育シンポジウム」（観光庁観光産業課主催）が開催されたことが挙げられます。同時に動画「観光教育ノススメ」（24分間・YouTubeで視聴可）も作製されました。そこには教師役の男女が観光の学びの面白さに気付き、観光の授業づくりに挑戦してみようとするシーンが描かれ小中高校の実践紹介がなされています。さらに観光業界を取りまとめる（公社）日本観光振興協会では、小学四年生～中学一・二年生を対象とした観光学習用副読本『観光でまちを元気に！日本・ふるさと再発見』（二十頁）を一万数千部印刷し観光教育に関心を持つ学校や自治体に配布しています。

また、東京都の全小中学校に配布された外国語教育用副読本『Welcome to Tokyo』（全3巻、ＤＶＤ付き）は、東京が持つ国際性と日本の伝統文化、東京の交通、自然等を題材にした観光対象を含んだ英会話教材となっていて訪日外国人との直接的なコミュニケーションを意識した編集となっています。こうした状況を鑑みれば、早急に観光の重要性を全国の教育界と観光業界も認識し、観光振興によって日本を支えることが人口減少に悩む地方の衰退に対する課題解決策（交流・関係人口増）であることに気づく必要があります。

ところで、現行の小中学校の新学習指導要領では、小中学校を貫いて育成を目指す資質・能力が一覧表として整理されました。「知識及び技能」「思考力、判断力、表現力等」「学びに向かう力、人間性等」の三本柱で「よりよい社会」の実現を視野に入れた「主体的・対話的で深い学び」への達成が目標化されたのです。その中で観光教育に深く関わる空間的な見方や考え方の系統的な育成は、小学校社会科の教科目標に明記され「グローバル化する国際社会に主体的に生きる（中略）公民としての資質・能力の基礎」を培う上でも極めて重要であることが確認されました。また中学社会科で明確化された5つの主題（位置や分布、場所、人間と自然環境との相互依存関係、空間的相互依存関係、地域）からの接近が観光教育の方法論を強化する役割を果たすことも明確になりました。具体的には中学社会科地理的分野の「日本の諸地域」

の扱いで先にあげた5つの主題を設けて課題を追究したり解決したりする学習活動が求められています。観光を軸に日本の諸地域学習を組み替えることが可能なのです。

わたくしは、観光振興による地域活性化の観点から地方に住む児童生徒をもっと観光事象に関心のある市民に育てたいと願っています。推計では二〇四五年に日本の総人口は一億六四二万人に減り、四割以上の人口減となる市町村は六八八自治体に及ぶそうです（国立社会保障人口問題研究所の推計による）。今後三十年間で人口急減集落が三万か所以上にのぼる予想もあります。中山間地における地域の担い手不足は一層深刻な状況に陥るでしょう。地方が抱える人口問題や産業の衰退を教室の中で真摯に扱う必要があるのではないでしょうか。観光振興によって少しでも地方を救うための見方・考え方や企画力を子どもたちに獲得させたいのです。具体的な学習コンテンツとして、わたくしはこれまで観光地の強み・弱み、機会・怖れの四要素について思考させるSWOT分析表の活用や観光資源を六つに分類する「観光の花びら」、ホテル建設と環境保全を思考させるサンゴの島の地図ワーク、観光地＋動詞＝観光の楽しみ方フレーズ立案、観光客のニーズ・ウォンツ・ディマンドに適合する地元スポット探し等、多様な教材と指導方法を開発してきました。小中高校段階での学びにある程度、教育コンテンツを揃えることができました。次章からその実践の一部をご紹介しましょう。

第二章

観光教育を通して島の発展を考える

―沖縄県石垣市の小学六年生への出前授業を通して―

1 沖縄県石垣市で考えたこと

「汝の立つ所を深く掘れ、甘き泉あり」これは、「八重山研究の父」と称される喜舎場永珣（きしゃばえいじゅん１８８５―１９７２）先生の言葉です。離島である石垣島や八重山諸島の郷土研究にこそ見直すべき原資が眠っていることを次代に伝えています。地方創生の期待が高まる中、地域の資源を磨き、マーケティングの要素も含みつつ観光や活性化につなぐ眼力が求められています。ともすれば離島や山間地に居住する人々は、その隔絶性から、知らず知らずのうちに見方や視野が狭くなりがちになり、長年居住すればするほど「島（村）には何もない」「それはあってあたり前」といった認識に陥りがちです。一方で隔絶性は、よき特異性を醸し出します。離島や山間地ならではの固有の魅力や価値に気付き、地域振興に関わろうとする人材を育成していくことこそ、地域に根ざした教育を大事にする学校の責務ではなのではないでしょうか。

学習指導要領では、「社会に開かれた教育課程」や「主体的・対話的で深い学び」が重要視されています。国際学力調査でも明らかになっていますが、自己肯定感が低く、学習に興味を失いがちな我が国の子どもたちに対して、アクティブ・ラーニングへの転換が期待されています。観光の学びはそうした方向に機会を与えてくれます。

出前授業を行った沖縄県石垣市（人口五万人）は、二〇一三年の新空港開港に伴い、毎年過去最多の入域観光客（年間一五〇万人前後）が来島しています。地理的位置の優位性から、台湾や中国からの大型クルーズ船による訪沖外国人客が毎回千人単位で来島しています。八重山地域における戦後のあゆみを振り返ってみても、今日のような観光客の激増は初めての出来事でしょう。わたくしは、八年前に次の三点を地元教育界に提示し、八重山小学校社会科研究会の先生方と共に実践的に観光教育を推進したことがあります。その三点とは、①八重山が大切に守ってきた自然と文化の資源を尊重できる子ども②観光に関わる事の理解ができる子ども③観光客が豊かな時間を楽しめるために、自分は何ができるかを考える子どもの三点です。ともすれば、安易なお国自慢に終始しがちであった従来のふるさと学習と異なり、観光客という相手目線に立った未来志向の学びを推賞しています。

資源をどう活かすか、観光客とどう向き合うのか、情報をどう受け止め発信するのか、宿泊業や交通産業、飲食業、土産物店等、直接観光振興につながる仕事への興味・関心をどう育てるか、観光客目線に立った観光ガイドや接遇体験、資源を活かす地元学、新規性のある観光企画や観光ルートづくりなどを通して、多角的な思考や判断力が身に付くようになります。各種資料の読解やグループワークを介して問題解決的な学習法を構築できれば、観光教育は地域振興の担い手（観光市民）づくりに寄与する教育になるでしょう。

2 授業の実際

❶ 八重山観光を拓いた先人に学ぶ

石垣市の公立小学校六学年二クラスに計八時間の出前授業を行いました。冒頭で児童に1枚のモノクロ写真を提示しました。これは1955年に那覇─石垣間の初のテストフライトが行われた様子を伝える写真で、沖縄ツーリスト（株）の『社史』に解説として次の文章が添えられています。当時の島の雰囲気が生き生きと伝わる文章ですので、長文ですが、紹介しましょう。

「石垣の飛行場は日本軍の軍用飛行場だったため、滑走路は未舗装で草ぼうぼう。草刈りと滑走路を平坦にする作業を琉球政府の八重山地方庁に依頼。飛行場の入り口には、初の飛行機を歓迎するソテツで作った大きなアーチも出来上がった。米国政府の兵隊に頼んで吹き流しの代わりに発煙筒も手配した。さあ、本番の当日。飛行場は航空機を一目見ようと島の人たちでいっぱいだった。しかし到着時刻を過ぎても飛行機は見えない。電話はないし、連絡の取りようがなかった。集まった人たちはイライラし、ざわめいた。2時間くらい待っただろうか。空の向こうに機影が見えた。待ちくたびれた住民の中から大きな歓声が上がった。もうすぐ着陸だ、と思いきや、今度は着陸する滑走路の端に2、3頭の水牛がうろうろしているではないか。宮里は米兵2人を連れてジープで駆けつけ牛を追い払い、石ころを片付けた後、急いで発煙筒を焚いた。担当の宮里はじめ関係者は胸を撫で下ろした。多くの招待客を乗せ、石垣に着いた時、飛行場は黒山の人だかり、大歓迎を受けた。」（『沖縄ツーリスト株式会社創立45周年記念誌』２００４年９月発行、ｐ41～42）

このフライトを陰で支えていた二人の若者の内１人は、後に沖縄ツーリスト・株を創業した東良恒（石垣市大浜出身）氏です。授業者であるわたくしが東氏の出身地を紹介した瞬間、驚きの声が児童からあがりました。当校児童にとって初めて知る地元出身の先人だったのです。その後、石垣島の観光のあゆみ（年表）を提示しました。この中で着目させたのは一九六二年の米原のヤシ林遊歩道整備です。この事業が八重山地域で行われた最初の公的な観光に関する事業ではないかと思われるからです。八重山観光協会発行の『創立20周年記念誌』に掲載されている関係者による座談会記事（昭和五九年十月二五日収録）の中で石垣信亨

■児童に提示した石垣島の観光のあゆみを表した年表（寺本作成）

年	観光の主なできごと
1955年	那覇－石垣間テストフライト
1956年	初の民間航空機１日１往復 八重山観光絵はがき作製
1962年	米原のヤシ林遊歩道整備
1963年	八重山観光協会設立
1967年	南西航空　沖縄－石垣間就航
1973年	沖縄県本土復帰
1975年	沖縄海洋博覧会
1978年	小柳ルミ子「星の砂」ヒット記念公演
1980年	第１回ミス八重山選出
1981年	横浜、仙台などに向けて八重山観光宣伝隊派遣

（元観光協会会長）氏が「当時は牧野清さんが総務課長だったと記憶していますが、その頃から米原の野ヤシ林は目玉になるということで、牧野さんが市の職員を日曜日に動員し、野ヤシ林に細道を通し、米原の人々の協力を得て浜から砂を運んで山道に敷き、観光遊歩道が造られました。最初のヤシ山道を通ったのは確かあの旅行クラブ一行（日本交通公社扱いの東京の旅行クラブ三十名）だと思います。あの米原のヤシ林観光をした感じが今でも忘れられないという方もいらっしゃいますよ。」（同書ｐ35）との証言が見出せました。

そこで出前授業では牧野元助役の顔写真も提示しながら、「この島には美しい景勝地の川平湾や玉取崎もあるのに、牧野さんはどうして最初にヤシ林の遊歩道の整備をしたのでしょうか？」と児童に問いかけてみました。すると、児童からは、本土には見られないヤシ林だったからではないか、観光客にとって珍しかったのではないか、との類推が発せられるようになりました。本土復帰や沖縄海洋博覧会、宣伝隊派遣なども年表から読みとらせ、関係者の努力の積み重ねによって石垣市の観光発展につながっている事実に気付くように促しました。児童たちは、地元出身の東さんや牧野さんが島の観光振興に果たした成果に強い関心を寄せたのです。

❷出前授業として実施した授業の指導案

石垣市の小学校で実施した出前授業の学習指導案を以下に提示しましょう。

石垣市大浜小学校 第6学年社会科（観光）学習指導案

授業者　寺本　潔

●授業の目標

6年社会科の小単元「戦後の復興とくらしの変化」は、電化製品の発明・普及やオリンピックを題材として国際化を扱うことが多いが、八重山地域の場合には航空路線の整備や観光による地域振興を扱うことでくらしの変化につなげる。観光で八重山を訪れる人のために作られた航空路線や島内観光バス、離島を巡る高速船など交通の発達や本土や外国から訪れる観光客のためのホテル建設や市街地整備、サービス産業の発展が石垣市の市民生活の向上に寄与している事実を知ることで昭和（戦後）から今日までの日常生活の変化に気付くことができる。

	学習活動	指導上の留意点
導入	①モノクロの飛行機が写っている写真を見て、どんな光景を示す写真であるかを予想する。文章を読む。 ・ずいぶん前の石垣空港では？ ・飛行機の形が今と違う。 ・観光客が最初に石垣にやってきたときに島の人はどう思ったのだろう？	・1955年の旧石垣空港で撮影された写真であることを伝える。 ・写真の説明文を読みとらせる。 ・大浜出身の東良恒（沖縄ツーリスト創業者）さんの顔写真も貼り出し、初めて沖縄ー石垣間の航空路線を開いた業績も触れる。 ・観光の魅力は、その土地にしかないもので自然が八重山の最大の魅力であったことに触れる。 ・牧野助役は観光客の目線に立って最初に米原のヤシ林を観光客に見せたかったことや市の職員や米原の人々の協力で浜から砂を運んで山道に敷いた努力に注目させる。
展開	②「八重山観光のあゆみ」の年表を見て、航空路の整備に伴い、本土から遠い石垣島に観光客はお金をかけてやってきている。最初の石垣島観光は、助役だった牧野清さんが中心となり米原のヤシ林を整備した事実から、そのわけを考える。 **発問：石垣島には川平湾など綺麗な風景がたくさんあるのに、どうして牧野さんは米原のヤシ林の道路を整備して観光客を案内しようと考えたのだろうか。** ・ヤシ林が日本にはないハワイみたいな風景だから	
まとめ	③沖縄観光コンベンションビューロー制作副読本『観光学習教材』（第10版）p.40のグラフを見て、1972年から急激に県を訪れる観光客数が伸びていることを知る。 ④観光地＋動詞の組み合わせで八重山観光の楽しみ方を考え、ノートに各自1つ書き出し班で自分の考えを紹介し合う。 ⑤班の代表者が黒板の前に出てきて案を黒板に書き出す。	・八重山も沖縄ブームにのって発展してきたことを確認する。 ・八重山地域の主な観光地名を列記する。 ・友だちのアイデアを喜んで聞くように勧める。

2時間目の指導案

●授業の目標

島の人々のくらしをもっと向上させていくために、これから6種の観光客層に応じてどのような観光振興のプランを考えたらいいいか、班で考え合うことができる。

●本時の展開

	学習内容	指導上の留意点
導入	**①観光客を示した6つの客層のイラストを班ごとで二軸の思考ツールの上に配置し、客層に応じて観光情報や商品はつくられていることを知る。** ②班で考えた配置を発表する。	・客層の想定を寺本が最初に解説することでイメージをつかませる。 ・客層に応じた理由をきちんと述べるように促す。 ・冬場に東京から来島した観光客にとって八重山は持ち物が少なくて済むことに気付かせる。地図情報や散歩コース、イベント情報、問合せ先電話番号など観光客が移動に必要な情報がコンパクトに盛り込まれていることを知る。 ・自然と文化を守りながら観光振興を図って行くことを大事にするように促す。 ・前日に使った観光地＋動詞のイラストカードも参考に楽しみ方を書き出した表も貼り出す。
展開	③観光パンフレットに盛り込まれた情報を調べ、八重山の観光の魅力が島ごとにテーマを決めて伝えられていることを理解する。 ・表紙の写真はどこか ・内容はどう工夫されているか ・正確で安全を守る情報が大事であることに気付く。	
まとめ	④客のニーズに応じた八重山観光をもっと魅力的にするにはどうしたらいいか、世界水準の観光地になるためにすべきことを題にこれからの八重山観光を考え作文にまとめる。	

3 観光客の客層に応じたポジショニング・マップ

石垣島を訪れる観光客を「熟年層」「ハネムーン客」「学生層」「若手ビジネスマン」「ファミリー」「海外ウェディング客」の六種に分け、イラストカードでそれらを示し、縦軸に「のんびり滞在型」と「あちこち回る目的型」、横軸に旅行商品の「価格が高い」と「価格が低い」の二軸のシート上でカードを配置させる課題（ポジショニング・マップ）を児童に挑戦してもらいました。ポジショニング・マップとは、観光商品の基礎的な性格を判断するベーシックな手法であり①どのセグメント（客層）に、②どんなニーズがあるのかを考え、その商品がどこに対応するのかを整理できます。客層の特性に応じて、理由を付して思考させるこの課題は、児童にとって観光客の客層という条件ごとで他者の視点に立てることから、主体的・対話的で深い学びにつなげる手法として小学生にも適していると判断しました。

実際の授業では、選んだ客層がお金持ちかそうでないか、カップルか、高齢者であるかなど多岐にわたる条件を考え合い、実に楽しげに話し合いながら、客層を描いたカードを二軸シートの上に配置していきました。こういった、観光客目線で思考させる学習場面は、児童を多角的な思考に誘うことができ、アクティブ・ラーニングの授業イメージにぴったりのシーンと考えられます。

4 授業後の児童の作文

授業後、作文を書いてもらいました。題は、「八重山観光にもっと観光客がやってくるためにできること」もしくは「八重山が世界水準の観光地になるために」です。後者の題はやや難しいかと思われましたが、小学六年生である点と戦後の観光のあゆみを学習した後であったので、観光新時代を次世代として意識してほしいと思い設定しました。作文例を２例紹介します。

作文１：「観光客に八重山をもっと楽しんでもらうには」

私が沖縄、八重山をもっとステキな観光地にするためにできることは、私たち島の人が自分たちの島のことをもっと知ることだと思います。寺本先生に昨日、今日と授業をしてもらって自分の島のこと『全然分かっていないんだな。』と思いました。すきとおるような海、いろんな動物がいる山など、生まれたときからあたりまえだったのに寺本さんが『これはあたりまえじゃないんだよ。』といっていたのでびっくりしました。こんな小さな島にたくさんの観光客が来るのにふしぎに思っていたけど、ちょっとだけ理由が分かりました。もっと、私たちが島のことを知ればわるいところを改善して良いところをのばすことができれば、今よりもっと観光客がふえると思います。でも、それで、いろんなホテルの人がたりなくなって困るかもしれません。私たちがもっともっとがんばって、色んなことを学んでホテルの仕事につくとか、ホテルなどの施設をふやして観光客の人をいつでも自然な笑顔でむかえられるといいなと思いました。この

授業で学んだことを、これからの観光業に生かせたらいいと思いました。（大浜小六年　Uさんの作文）

作文2：「観光客に八重山を楽しんでもらうために」

私が八重山を楽しんでもらう為に必要だと思う事は、観光についての知識を高め、自分達の島の事を良く知る事が大切、という事が分かりました。石垣島には六つの観光要素が結構あると思うし、もっと見つめてみると八重山が楽しくなるのかなー、とも感じました。私達にできることは、学生で観光についての事をたくさん学んでよく知り、どんな人が来ても、その観光客のタイプに合わせて、どういう風にどんな観光地が合うのかを考えられたらいいなと思いました。自分達の島でも案外分からない所や分かんない事も色々あって楽しかったです。晴れている日に合う観光地、雨の日に合う観光地をパッと思いつければ、カッコいいなと思います。ちなみに私が晴れている日にオススメの場所は、見るだけなら田舎、裏の方は自然もたくさんあるからいいと思うし、食べるなら新栄町や美崎町に行くと良いと思います。お土産を買うなら、ユーグレナモールが最高だし、そこでは体験も色んな発見が出来ると思います。こうゆう風に石垣は見れば見るほど行きたくなるし、楽しい所だけと感じました。あと、石垣島各地の方言もくわしくなって、一回、方言でしゃべってみたいな、と感じました。（大浜小六年　Kさんの作文）

これらの作文は、観光の学び自体が子どもの積極性と広い視野を育てる格好のテーマであることを示唆しています。

5 観光市民を育む必要性

❶ 子どもたちの浅い観光知と充実するハワイ州の観光教育

観光の学びは、いわば他者の目で自県のよさを再認識できる格好の機会であり、単にお国自慢な感覚でなく、自県を客観視できる力が養われます。沖縄県の子どもたちに観光資源や地域の魅力に関する「観光知」が著しく不足している理由を何人かの校長に尋ねたところ、県内の小中学校では国語と算数・数学に著しく傾斜した学力向上に力が入れられているため、観光のような新規の内容に関心を寄せる教師の余裕がなくなっているとの回答を得ました。残念なことに、沖縄県においては、観光コンベンションビュー制作の副読本『沖縄観光学習教材』（A４版62頁のカラー印刷）が全４年生向けに編集・配布されているものの、活用は不十分なままです（現在は紙媒体での配布は中止）。

わたくしは、沖縄県の教育現場における観光の学びに対する関心の低さに落胆と危機感を抱きましたが、諦めきれず文科省から科学研究費を獲得しハワイ州ホノルル市を訪問しツーリズム・オーソリティという機関で州の観光教育事情に関して聞き取り調査を行いました。当地では当時『ハワイ州観光戦略計画２００５～２０１５』が策定され、中高校段階から積極的に観光を学習内容に取り込み、原住民から受け継いだ〝アロハ〟の精神を初めとする５つの価値を専門家のワークショップも開きつつ、高校生に受け継がせる努力が実践されていました（現在はさらに持続可能な観光が強化され量から質の観光へと舵が切られています）。ホテル業界や航空業界も州の観光人財育成に協賛し、ホスピタリティ研修とトラベル管理法の二種類の研修講座が一七の高校で展開されていました。さらに金土曜日を活用しワイキキのホテルで高校生によるインターンシップも経験させたようです。加えて、中学校では急増する韓国人観光客との文化交流事業も開催したといいいます。ハワイ州ではコロナ禍以降、レスポンシブル・ツーリズム（責任ある観光）をさらに重視し、観光客の質向上を牽引する施策を次々と打ち出しているようです。

沖縄県でも県のホームページによれば『観光戦略計画』が策定されていました。読んでみると観光人材育成やそのための教育界との連携についてはわずかの記述に留まり、具体的な教育実践につながる示唆は皆無でした。平成二六～二八年度に実施された「未来の産業人材育成事業」（沖縄県）はそうした必要感から始められた画期的な事業であると思われますが、受け入れ校において、二時間以下の事業担当者による出前授業が展開されているにとどまり、肝心の現場教師自身が産業人材の育成に対し関心を抱き、積極的に産業人材育成のための授業づくりに参画するという流れには残念ながら至っていません。

❷ 石垣市の中学生を集めた観光教育シンポジウム

石垣市市制施行七十周年を記念した事業として「中学生がこれからの観光について考えるシンポジウム」（石垣市教育委員会主催、平成二九年七月一三日）が市内在住の中学生四九〇名を集めて市民会館大ホールにて開催されたことがあります（シンポジウムの内容は翌日の八重山毎日新聞紙上で大きく報道）。このシンポジウムで驚いた点は、中学生から飛び出した質の高い観光振興案でした。討議の観点は、石垣観光をさらに磨きをかけるとしたらどうすれば良いか、観光の人材育成として中学生に期待すること、年間一二四万人（当時）もの観光客が来島し様々な問題も生じているが、それを中学生なりにどのように対応すべきか、の三点でした。ステージ上での出前授業とその後のシンポジウムの司会はわたくしが務めました。大まかなシンポジウム記録は、下記の通りです。

●「中学生がこれからの観光について考えるシンポジウム」

会場：石垣市市民会館大ホール

司会：寺本潔　シンポジスト（敬称略）：丁野朗　新盛一功　吉浜幸雅　高倉大

中三生徒代表：田淵鈴夏　島尻和慶　宮良実成　天久球里　計八名

発言記録：「観光客にとって石垣市、石垣島の魅力は何か？何を磨けばもっと魅力的になりますか？（寺本）」に関して「生物多様性が魅力と思う。でも自然環境そのものの魅力に関して石垣島の人の認知度が低いと感じています。わたしはもっと知識を身につけ、その重要性を島の人たちに知らせていきたい（田淵）」「サンゴにかこまれ世界有数のシュノーケルスポットがある。ＷｉＦｉとパンフレットの整備をもっと進める（島尻）。」「海が魅力。エメラルドグリーンは日本１００景に選ばれている。サンゴ白化が進行しているがもっと観光客との相互理解と協力が必要（宮良）」。「人と伝統文化が魅力。誇りに思って磨っていく。もっと実りがなくてはいけないのも人。観光客は他から来る。単にシマの感覚でやるとニーズとのギャップが出る。島民一人一人が島のコンセルジュとして自覚を持ってもらいたい（高倉）」。

次に、人材育成の大切さを寺本から投げかけた。「5年後、10年後。八重山、石垣島を訪れる観光客にとって、もう一度来たくなる思い出をつくってもらうためにも観光を支える主体が重要。中学3年生に何を期待できるか（中学生3年4人には、これから高校、進学してからこういうことを頑張っていきたい。観光をサポートするためにこれをやっておきたいことは何か）（寺本）」「振り返れば未来、未来というのは、実はその地域の歴史、こういうものを見つめないと未来がみえない。全国どこの地域も経済がうまくいっていない。人口も減り始めている。目先のことを一杯やっている。だけど、未来をどう見通すか。その地域の歴史を知らないと未来が見えない。これは歴史学者の木村尚三郎先生の言葉。歴史と理想を失った民族は滅びる。未来を切り拓くには、島の長い歴史を見ていく。自分の地域の歴史としてそのなかの誇りがないとちゃんとした観光交流はできない（丁野）。」「相手を敬う気持ちを養ってもらいたい。旅に出るとごみのポイ捨てが目立つ。観光地にあるまじき行為だ。よい意味でも悪い意味でもどんどん旅に出て、いろんな経験、いろんな国の人と交流してください。海外に行くと日本ってどういう国なのが分かってくる。歴史を知らないと会話が終わってしまう。地域のことを勉強していく。日常生活で学んでいってほしい（高倉）。」「語学力が大事ではないか。石垣島については、29年前に石垣に来る人は25万、今は150万人。当時は英語、中国語、韓国語、台湾語、全く必要なかったが、今は違う。国策としても観光は注目されている。せめて英語くらいはマスターしてほしい。幅が広がる（新盛）。」「英語力については、小学校から本格的に始まります。ですから数年後には、中学校のグレードもさらに上がります。鍛えておいてください（寺本）。」（中略）「ラムサール条約に登録された干潟の生物、環境をわたしは研究し続けてきました。海は命のゆりかご。環境省のレッドリストに登録された生き物もいる。それらをより多くの市民、に楽しく紹介することに携わっていきたい（田淵）。」「もっと世の中に石垣島について知ってもらい、何が悪くて、何がよいのかをしってから大学に入り、石垣をアピールできる、アプリ開発をしたい。観光客が事前に調べることができ、自分の国に戻っても何度も確認できるから（島尻）。」「自分たちも積極的に参加できる活動をつくっていきたい。海をきれいにするための活動が白保でも行われている。自分たちがもっとできる、外国人に接していくためには、中国語や英語について詳しくなって活動を作っていきたい（宮良）。」「リセットと発信が鍵。自分の持っている考えをリセットして、観光客の立場に立つことで新しい発見になる。いろいろな疑問が出てくると思うので、アニメーションなどをつかって簡単に発信していけるといいかなと思います（天久）。」

最後に魅力、観光客数を示すグラフに123万9千人とあります。他人事にかんがえているかもしれないけど、大変な数字です。ここから他の八重山にいく。この数字の重みをどれくらい理解してくれているのか、このシンポジウムで学んでほしい。これだけたくさんの客が来ると様々な問題が生じ始めているのではないか。どんな問題が生じ始めているのか。中学生の皆さんには、増えてくる諸問題を中学生なりに、中学生ならでは実社会への参加、こんなことならできるのではないか（寺本）。」「環境と景観、なりわいが大事。岐阜県の高山市の話をしたい。高山市は年間500万人。海外が40万人の観光客で絶好調。しかし、30年後の高山はこのままつづくだろうか。重要建造文化財がのこっているが、そこには多くの土産屋が並んでいるが、裏側には、本来、酒や油、伝統工芸品が営みをやっている。だから町に活気がある。それが単なる土産屋になりつつある。これは産業、生業が失われている兆候ではないか。そうした30年後の高山をとても失敗した市長が、高山を生み出した環境と生業を市の大きなビジョンで謳った。石垣も同じ。環境、景観を一度失うと取り戻すと大変。もともと天然資源だけでなく、人の営みで生まれてきた環境がある。営みが弱くなってくるとその景観も失われる。環境と景観、それを支えているなりわいを残したい（丁野）」。「那覇に住んでいる人から聞くと、観光客がらみのトラブル、モラル違反、事故がいろいろと生じている。大切なことは新たなルールづくり。県外、対外への説明、理解、文化交流が大事。地元の人間が器を大きくしないといけない。もっとしっかりした理論を立てて、ステージを高くしていくことが大事（新盛）。」「環境問題。道路渋滞が増えてきた。車の台数、レンタカーが増えた。交通事故も確実に増えている。表面化してきている。ごみ問題。観光客がふえることによってゴミがふえる。ごみのポイ捨てが多い。とくに地元の人、おじいが。最近海がきたなくなったと嘆きつつ、たばこをポイ。住んでいる人の意識を変える必要がある。さらに治安。安心、安全なまちづくりを掲げているけど、住民が安心していけるまちづくりが大事。道路、ごみ、治安の問題をあげたい。（高倉）」「124万人の観光客となっているが、今年は、131万の目標を掲げている。非常にふえてきているけど、課題として、沖縄本島とはちがっているけど、1月から12月のなかで、7～9月お客が3倍くる。客をいかにまんべんなく、1月～12月まできてもらえるか。ホテルが急激に増えて、台湾、中国、ベトナムからも働きに来てもらっている。人材不足によって、人がいないというのは、ちゃんとサービスができない。サービスの低下につながる。石垣島では、こういうサービス業は、きついイメージがあるが、給与体系もよくなってきている。一般企業のなかでもホテルにつとめてよかったと思ってもらえるようにもっていきたい（高倉）。」「大きなことにするには。自分たちが自主的に活動をしながら。たとえば、学校でポスターを作って家に貼る。小さいことを重ねると大きなことになる（宮良）。」「ごみなどが捨てられる問題が多い。皆さんは、海の近くに捨てているごみを想像するけど、海の中にも。サンゴが白化、海流変わり、海が汚れている。海がよがれると、観光客も、行きたくなくなる。中学生も参加できるビーチクリーニングをしましょう（天久）。」「地域に住む動物が死においやられる。たとえば、観光客がきて、レンタカーがどういう生き物がいるかをしらずに、スピードを上げて、シロハラクイナが死に追いやられている。西表でもイリオモテヤマが減少している。１２０万人のお客さん。今だんだん上がってきて、泊まる場所が必要になる。泊まる場所をつくるには、森林を切り拓きつくらないといけない。将来の石垣を考えると守らないといけないのに、かえってこわしてしまう（島尻）。」「水不足と排水浄化が重要。バイオテクノロジーの力をつかって、改善、インフラと保存の調和ができる。将来実現できたら、石垣市はバイオ・ダイバーシティになれる（田淵）。」

以上のように、驚くほどに石垣島の将来への展望も交えた活発な意見交換が、このシンポジウムで実現できました。島の中学生はやはり観光による島の変化に強い関心を抱いていたのです。教育界がそれを十分に受け止めるだけの用意が整っていないのです。国際的、国内的な動向と相俟って訪日観光や国内観光の傾向が決定づけられがちですが、いざ受け入れる側としては実に地域的な要素が絡む事象なのです。石垣島市街地の歩道整備や島内公共交通、レンタカー対策等、交通条件の整備に加え、多様な宿泊ニーズに応える体制、石垣ならではの旅が味わえる旅行商品、特産物開発、石垣市民の観光知の育成等、枚挙に暇がないほど課題があります。それを支えるのは人です。地域の未来を支える観光教育の役割に目覚めてほしいものです。

第三章

自県の資源と世界遺産の価値に気付く学び

1 同心円拡大を再考できるカリキュラム

身近な地域から学年進行に応じて学習領域を順々に拡大させていくカリキュラム構成は同心円拡大方式と呼ばれ、これまでその適否に関する論議が社会科教育学の分野でも起きました。グローバル化が著しい現代では身近な地域にも外国人の姿や生活文化が入り込み情報化社会の進展に伴い、同心円拡大は時代にそぐわない考え方となってきています。このため小学校の教科書にも外国人の姿や国際理解の内容が挿入されています。観光という題材はこうした同心円拡大を根本から打破できる魅力に富んでいます。寺本・澤共編著『観光教育への招待』ミネルヴァ書房でも指摘したように、英国のファーストレベル（小学校第1学年相当）の教科書にも紹介されたバーナビーベアのダブリンへの旅という教材に代表される近隣諸国への旅行題材は児童にとっても知的好奇心や冒険心を刺激し同時に視野の拡大や地図・景観への感受性を磨く学習経験になるようです。我が国では幼い子どもによる旅行体験が題材として検定教科書に登場するケースは未だ見かけないのですが旅行という行為がもたらす学習面での効果は評価できます。子どもは本来未知の領域への探検を楽しみにしていて仮想であれ移動を伴う見知らぬ土地への探訪は学習意欲を引き出すものです。例えば、日本とつながりの深いある外国への旅や訪日外国人の母国を調べる学習は、旅心や知的好奇心を募らせ、観光を通して外国への興味関心を育てるきっかけとなるでしょう。

2 観光業に関連するキャリア教育

観光業が地域のリーディング産業である自治体では、そうでない地域に比べ、より戦略的な観光教育が初等教育段階より開始される必要があります。観光業の持続的発展を期待するなら、地元の児童生徒にこそ観光の学びに積極的に臨むことが重要でしょう。観光業は狭く捉えれば旅行・宿泊業や交通産業、土産物店、飲食業等に絞られますが、広く捉えれば農林水産業や工業、商業、公共の福祉等に関係し極めて裾野が広い産業です。例えば、ホテルのディナーで出た食材が地元の農家で栽培された農産物であったり、近くで酪農業が営まれている場合、単に農産品や生乳を生産するだけでなく、いかに観光客を農場・牧場に呼びこみ、耕作体験や乳しぼり体験観光を企画したり、ファーム泊や牧場民宿を始めたりするという企画力も磨けるわけです。製造業に従事している場合も工場見学や製品づくり体験を介して産業観光を推進する考えが生まれます。つまりキャリア教育としても観光の仕事理解を通して社会的・職業的自立に向けたキャリア発達が期待できるのです（例えば、観光振興と自分の将来を関連づけるキャリアパスポートの題材として記入させる等）。

ところで、沖縄県石垣市では「観光基本計画」の条文には、明確に観光人材育成の必要性が次のように綴られています。

『島ぬ美しゃ　心美しゃ　石垣市観光基本計画２０２０』（改定版）

35．観光産業全体としての人材育成

【機能・役割】地域の子供達が観光の現場を身近に体験してもらうプログラムを検討して、将来的な観光人材の発展・育成の取り組みを行う。また、増加する観光客へのサービス対応は、観光現場の人材が不足することで低下することが懸念される。このため、深刻化しつつある人材不足を補うとともに、観光の島として国内外からも注目されるような人材の育成を推進する。

【取り組み・展開】学校現場での既存の観光に関連する取り組みを整理・把握してプログラムを検討する。観光産業が連携して必要なスキル、ホスピタリティ等を身に付けることのできる育成プログラムを構築する等、観光に従事することで社会的な評価が伴うような取り組みの構築を行う。

実に、先進的な条文となっています。でも、残念ながら現地の小中学校においてまとまった観光教育は、ほとんど実施されていません。前述したように観光行政や島の将来を見据えた教育が必要と認識されてきているものの、学校教育では観光を題材とした新規の授業が入り込む余地がないのが実情です。それほど学校教育は内容過多に陥り、課題も山積しています。石垣市が地域の特殊性を考慮し早急に地域カリキュラムとして観光を題材とした教育を始めて下さるのを期待しています。

3 観光資源を見出す学び

政府が掲げた二〇三〇年度の訪日客目標は六千万人です。福井や長崎への新幹線延伸に続き、二〇二五年には大阪万博も予定され、その後に北海道新幹線の札幌延伸も見えてきています。いま、観光市民と呼べる次代を社会で生み出し始めなくては、フランスやスペインと肩を並べる観光先進国としての日本の成長はおそらく達成できないでしょう。

和風の文化が日本人、外国人問わず観光客の人気を集めています。古民家、和食、着物、和菓子、富士山、温泉、祭り等の伝統文化はもちろん、日本車を生産する自動車工場や安全で味わい深い食品を生産する施設を観る産業観光、キャラクター・漫画・アニメ・フィギュア・コスプレ等のサブカルチャーも観光客の注目を集めています。従来から著名な観光地である京都・奈良の街並み・文化財、北海道や沖縄県を始めとする国立公園の自然美、小京都である萩・高山もさらに人気を集めていくでしょう。これらの動きを教育界でも活かしたいものです。

観光市民に求められる資質は、外国語スキルと多様な観光客のニーズに対応できる懐の広い知恵を有した人材であり、観光資源を磨く企画・開発力のある次代です。観光地に住む住民も国内外からやってくる観光客に対して確かな当該地に関する知識とホスピタリティ精神を保有する必要があります。インバウンド観光に限らず、日本人自身が外国を旅するアウトバウンド（海外旅行）の際にも発揮できる観光知は重要です。東洋大の森下晶美教授は、一七〇〇名もの若者に対するインターネット・アンケートから適応力、自主性、コミュニケーション力、向社会性・社会性の四つの分類において海外家族旅行層の平均が最も高いという結果を示されました。海外旅行がいかに多くの教育的効果をもたらすか認識を新たにしたいものです。同時に観光という窓口は、社会科や英語等の既成の教科を学ぶ意義を学習者に理解してもらう有効な方法論となり得ます。

4 児童が気付く自県の観光資源

❶ 児童が受け止めた観光の導入授業

「今日、五、六校時に寺本先生が観光の勉強を教えてくれました。五校時は観光で人気No.1の都道府県がどこか勉強しました。その勉強でNo.1は沖縄県とわかりました。No.2は京都府、No.3は北海道とわかりました。ぼくは、予想が静岡だったので予想が外れたけど、自分の住んでいる沖縄がNo.1だったのでよかったなと思いました。六校時は観光客が喜ぶ新しい楽しみ方をカードで考える勉強をしました。ぼくは、この勉強をして思ったことは、カードに絵が書いてあるからわかりやすいなと思いました。ぼくは、観光がいろんな人がいろんな所へ行って国の文化、食べ物、列記し、自然を体験しているからとても楽しいんだなと思いました。（四年沖縄県公立小男子）」「私は、寺本先生の授業を受けました。高知県を訪れる観光客の楽しみはなんだろう」という課題でした。黒板に観光って何?と書かれると、えっ…その県の良い所などをまわる事じゃないの？と思いました。すると先生は、『観光について話し合って下さい』と言ったので、班で話し合いました。話し合った結果、『イベント』という意見になりました（たしかに！イベントはスキューバダイビングやゆずしぼり体験などがあるなあ）と思いました。四年高知県公立小女子）

この二つの作文は、沖縄と高知の公立小学校第四学年児童に対して試みた観光授業の直後に綴られたものです。自県のよさ（観光資源）を見直し、観光客が楽しめるフレーズ（滞在プログラム）を児童自身に考案させる授業を試みました。二六枚の手製の絵カードは、観光の楽しみ方のヒントとなるイラスト（鳥のキャラクター）とフレーズ（写真を撮る、土地のおいしいものを食べる等）が書いてあり、六人に一セット配布されました。沖縄県では「亜熱帯の林の中をカヌーで行く」「琉球古民家で沖縄そばを食べる」、高知県では「坂本龍馬の服を着る」「アンパンマンと遊ぶ」「カツオのたたきを食べる」等ご当地イラストも導入しました。それらをもとに各人で観光客が楽しめる滞在プログラムを考えるように促しました。こうした工夫を行なえば、細切れで平板になりがちな定番の社会科単元「わたしたちの県のようす」を観光のアングルから大きく組み替えることができるのです。

要は、自県意識を育む四年社会科単元「わたしたちの○○県」観光単元への組み替えを検討すべきなのです。学習指導要領での本単元の位置づけ、筆者も著者として参画しているK社の社会科教科書における展開、さらに観光授業の視点に立った筆者の展開案を立案しました。単元「わたしたちの県のようす」は、従来のように単純に自県の地理的特色について地形や交通、産業等と項目別に学び、自然や伝統を生かした地域の紹介にとどまっているだけでは観光市民の育成には寄与しないでしょう。この単元を観光単元として組み替え、地域の魅力を価値に高める学習に転換を図ることで、観光人材育成を目途にした最初の段階の授業が実現できます。従来のいわば地誌的な扱いに比べ、網羅的ではないものの、観光客の目を意識させ、自県の資源に対する新鮮な気付きを促すきっかけとなります。

■観光授業の視点に立った社会科単元四年「私たちの○○県」の展開案

❷沖縄本島において実践した小学校観光授業

協力頂いた学級は沖縄県中城村立中城南小学校第四学年二クラス。沖縄県では全四年生児童にカラー印刷の観光副読本『めんそーれー観光学習教材』（以下、『観光学習』と略記）が配布されていました。沖縄県に多くの観光客がやってきている事実を学び、観光業に従事する人々の仕事や接遇に関しても学習できるユニークな内容です。でも、現実には検定教科書の展開とこの観光副読本の内容とが上手く関連できておらず、わたくしが実施した県内二五〇校への郵送によるアンケート調査（回収率15％）によれば、約三割の小学校でしかこの副読本は活用できていませんでした。そういう課題を解消するためにもわたくし自身が現地に出向いて公開授業の形で地元の教師に観光授業のモデルをお見せすることが効果的と考えたのです。学習問題「どうして沖縄県が観光で人気のNo.1の県になれたのだろう。」を追究しました。そのときの指導案は下記の表です。

①指導案

授業のねらい：沖縄県は観光で人気No.1であることを知り、その理由を考え合いながら、沖縄観光がどんな魅力に富んでいるか、観光客は沖縄に何を楽しみに来沖しているのかを考え、自分たちにも新しい滞在プログラムを立案できることを知ることで、観光業や観光の意味について理解を深める。

解説：「観光客の楽しみは何だろう。」と切り出し、観光資源を示す6つの要素（後に観光の花びらと命名）から明確化する筆者（左手のスクリーンには観光客の沖縄滞在中の体

	学習活動	指導上の留意点
導入	①地図帳を開いて47都道府県の中で観光人気No.1の都道府県はどこか予想する。 ・東京が1位と思う。 ・北海道ではないか ・ひょっとして沖縄県かな ②沖縄県が総合で1位の人気であることを知り、その理由を考える。 ・海や空が綺麗だから？ ・水族館や首里城に来ている ・結婚式で来ているのでは ・保養に来ている？	・予想した都道府県名を出した後、意見の根拠となる自分の考えを引き出す。 ・総合1位である資料を貼る。 ・『めんそーれー観光学習教材』（以下、観光学習と略記）の該当ページを開かせる。おおよその掲載ページを示してその中で探すように促す。 ・隣の人と話し合って探してもいい。 ・視点ごとにグループから出てきた意見を大まかに教師が整理する。
展開	③観光客は滞在中、どんな目的で観光するのかを考える。	・『観光学習』p17に掲載のグラフ（観光客の滞在中の活動）に着目するように促し、自分たちの予想と照らし合わせるよう促す。
まとめ	④6つの観光資源の視点をヒントに沖縄県が人気No1である理由をグループで考える。その視点が決め手？ ⑤6つの視点の内、どれが最も重要なのか自分の班の考えを紹介する。	・6つの視点を書いたカードを黒板に貼り、児童には班に1枚ワークシートを配布し記入させる。

験メニューがグラフ化された資料が映し出されている）

②ビギナーとリピーター

沖縄県の教育現場に配布されている『観光学習』の中に沖縄を観光で訪れるビギナーとリピーターの推移を示した棒グラフが掲載されています。既に、八割を超す観光客がリピーターであり、その目的は観光地巡りや沖縄料理を楽しむ、マリンレジャー、ショッピングなどが上位四位を占めているものの、第五位に保養・休養が24％もあると表示されています。「何万円もかけてわざわざ休みに沖縄にやってくるわけは何だろう?」というのが子どもたちの素朴な疑問でした。よほど、沖縄に魅力がなければ観光客は何度もやってくるわけがないからです。いったい、どんな魅力が沖縄にはあるのだろうか、と問いが立ち上がってきます。そこで授業では、自然・食・歴史・文化・イベント・しせつの6つの要素を示して、それぞれの要素にどのような観光地や観光資源があるのかを確かめさせました。観光という目的的な行動が観光資源を同時に享受する行為となり、その結果、観光地が生まれてくるのです。観光という営みの本質に気付かせるきっかけとなりました。

❸ 開発したイラストカードの効果

2時間目の授業で前述した観光客が楽しめる行動を示したイラスト集（カード）を提示しました。このカードは楽しい鳥のキャラクターが観光を楽しんでいる様子を描いたもので、動詞や形容動詞で表現されています。これに具体的な観光地を接合して、例えば「写真を撮る」と「古民家でそばを食べる」という絵カードを手にして、観光地である首里城と合わせて、「首里城で写真を撮って、その後で近くの古民家で沖縄そばを食べる」といった観光客が楽しめる行動をフレーズ（短文）で表現させます。

児童の思考過程はこうです。代表的な県内の観光地をまず決めて、そこで観光客が楽しめる行動（観光滞在プログラム）を絵カードから想像し、組み合わせるパターンもあれば、楽しそうな絵カードから入り、そうした楽しみができる観光地はどこかを探させるパターンもあります。この作業を沖縄県の詳しい地図と絵カードを前にして6人1グループで行いました。

その後、グループ内で一番よかった案を1つに絞らせて黒板に書き出すように促した結果、次のような文章が案出できました。一例をあげれば「沖縄ワールドで歩いて楽しみながら、焼

写真1　観光客が楽しめる行動を示した絵カードで学ぶ様子

き物のたいけんをして、琉球古民家で沖縄そばを食べる」「首里城で風景をスケッチして環境音を聞いてお土産を買う」という観光行動を班で考え出しました。こうした、観光客の立場に立って楽しみ方を考え合う機会は、ホスピタリティ教育の基本にもつながり、同時に沖縄らしさをいかに演出し、観光客に楽しんでもらうかを考える企画能力の芽生えにもつながります。

❹ 世界遺産の学習

①「中城城」の見学とコラージュ作品づくり

授業はその後、世界遺産中城城を取り上げ、実際に見学・調査させ写真に石垣の美しさや城の要所を撮影してもらいました。中城村教育委員会では、折しも文部科学省指定の研究開発「護佐丸科」に着手しており、郷土の歴史に学ぶカリキュラムをスタートさせていました。村教育委員会独自で副読本も学年別に刊行され、第4学年では『世界遺産のあるわたしたちの中城村』が作製されていたのです。でも、身近な中城城だけをいくら見つめさせてもその価値に児童は気付かないと考え、本土にある姫路城との比較学習を行いました。比較の視点を持つことで中城城の特色が分かってくるからです。さらに、観光客に城の価値を分かりやすく紹介するコラージュ作品の製作へと続いていきました。二クラス延べ一六時間の出前授業でしたが、子どもたちはふるさとにある世界遺産が今日まで六〇〇年もの間存続してきたことへの感謝（六百年の時間の重みを児童に伝えるため歴史尺を黒板に貼った）とこれから自分たちが継承していきたいと願う責任感の芽を抱かせることができました。

その時の指導案を以下に記しましょう。

第四学年観光授業指導案

授業者　寺本　潔

●本時の目標

世界遺産中城城の価値に気付き、これまで先人が残してくれた地域の遺産として自分たちも継承していきたいと願い、そのためにも実際に見学し石垣の組み方や美しさを撮影しようとする。

	学習活動	指導上の留意点
導入	①副読本『世界遺産のあるわたしたちの中城村』p2を通読し「いさん」の言葉の意味について国語辞典で調べる。 ②今から600年ほど前に護佐丸が造った城であることを知り、600年の時間の長さを歴史尺で理解する。	・「いさん」という言葉には「死後に残した財産」「前代の人が残した業績」の二つの意味があることを知らせ、沖縄のグスクは日本では12番目の平成12年に指定されたことを補足する。 ・600年もの時間の長さを紙で作った尺で視覚的に把握させ、長い時間が中城城には積み重なっていることに気付かせる。
展開	③副読本p7に掲載の「整備・修復の歩み」の中に「ばっさい」や「とりこわし」の言葉が多く書かれているのはどうしてか、理由を考える。	・大事に保存しなければならない中城城なのに「ばっさい」「とりこわし」が多いのはどうしてなのか、を問い掛ける。
まとめ	④「世界遺産」の意味を改めて考える。 ⑤11月19日に実際にカメラを持って取材することを知り、取材の視点について寺本のスライドで学ぶ。	・「別の言葉で言えば」と切り出し、世界中に大切な「いさん」として認められ、中城村の宝であるとの表現を引き出す。

●本時の展開

児童の反応では、中城城は六〇〇年もの間、残ってきた大事なもの、長く伝わってきたものとの認識を得たようです。遺産という言葉の意味に関しても財産や先人が残した業績という内容を国語辞書で調べたことではっきりしてきました。児童は、しだいに本土の城にはない「固有の価値」に気付き始めたのです。

また、写真の撮り方に関しては、パワーポイントの画像教材を作成しQ＆Aの形式で説明しました。

Q　中城城は何年くらい前のお城なの？

A　はっきりしないけど1440年頃に護佐丸が来てつくり足したから、それ以前にはあった。

Q　どうして世界いさんにえらばれたの？

A　つくった時の姿をよくのこしているグスクだから。

・いろんな形や大きさの石を組み合わせたつみ方

・四角に形をととのえた石を一段ずつつむつみ方

・角が多い石を小さな石がかこむつみ方

Q　世界遺産 姫路城（ひめじじょう）と比べてみたら

Q　何をカメラでとったらいいの？

A　美しい角度から写真をとろう。お城と空のバランスや草花が綺麗にはえている場所をさがしてシャッターをおすといいよ。

A　石のつみ方や石のけずり方がわかる写真をとろう。

A　中城村の人がたいせつにお城をまもっているしょうこを写真にとろう。

A　何枚か自分のすがたも写真に入れておこう。

③児童の作文

授業の後に、作文を児童に書いてもらうよう担任に依頼し、後日筆者のもとに送られてきました。いずれも、世界遺産である中城城を観光資源として自分に引き寄せた優れた内容でした。

「中城村や沖縄にたくさんの観光客が来てくれるには」

四年女子

中城村の観光客をふやすには、観光客を十分にもてなすことが大切だと思います。さびしくてつまらない所だと、だれも来なくなってしまうからです。なので、やはり観光客が満足する、すばらしい地いきでなくてはいけないのです。少しでも観光客がもり上がるように、また来ることができたらいいなと思うように、そういうきっかけをつくるのです。例えば、他の県には無い、無料で沖縄の名所めぐりなど、ツアーを企画することです。どんな観光客にも気軽に楽しんでもらえるような企画を作れば、たくさん観光客が沖縄にきてくれるのではとぼくは思うのです。だから、自分たちにできることがたくさんの人の幸せになるんだという気持ちを持ち続け、努力することで観光客はいくらでも来てくれると

写真２　世界遺産中城城を訪れる子どもたち

思います。多くの笑顔を見て楽しむのが自分たちの生きがいになるのではないかと思います。

「中城村や沖縄にたくさんの観光客が来てくれるには」

四年女子

私は、もっと観光客が来てくれるにはどうしたらいいか考えました。一つ目は、中城村の人が中城城跡についての事がわからない人がたくさんいます。でも、私たちが今の勉強で中城城跡のことがわかったので知らない人たちに中城城跡のよさをいっぱい伝えるといっぱいの人がくると思います。例えば、中城城跡だけにしかない石のつみ方が三種類あるとか。セメントをつかわずに石を組み合わせているということが観光客には信じられないと思います。しかも、中城城跡は全体が石積みで囲まれていてとってもくふうされています。そして、戦いにも強いと思いました。（中略）クイズラリーをして楽しく城跡を回ると観光客が来ると思います。

これからの観光振興に対する前向きな姿勢が生まれ始めています。観光教育が人づくりに寄与する教育力を有している証拠なのではないでしょう。

5 魅力を価値にかえる授業の必要性

観光資源となる地域のよさは地元の方々にとっては意外と見出しにくいものです。既に観光地として発展できている場合は、卓越した魅力のあるスポットや文化施設、史跡や自然景観が古くから存在しているから分かりやすいでしょう。例えば、神社やレジャー施設、国立公園などです。でも、今後、個人旅行客が増えてくる時代にあって従来の観光資源だけに頼っていては地方の活性化は期待できません。地方の農林水産業で生産される資源（農産品や水産加工品）も見方を変えれば観光資源になり得ます。単に地元スター商品をダイレクトに紹介するだけでなく、それらがどのような背景で生産されているか、ストーリーを見せていくことで商品に新たな価値が加わります。体験知と結びつけて商品の価値を増幅させる観光農園や体験漁業、歴史探訪、巡礼などはその好例です。

観光教育で採用したい方法は、そういったストーリーづくりを介した地域資源の発掘や再認識の作業であり、同時に批判的思考も働かせつつ問題解決学習が成立する展開をイメージしています。子ども時代から持続可能な地域の発展を考えていこうとする習慣を身に付けさせ、提案能力の育成にもつなげたいものです。地域から資源を見出したり、見直したり、組み合わせたりする中で子どもたちは地域に自信と将来への希望を感じるようになるでしょう。人口減少社会に突入しつつある中で若年女性の半減とか、学校の統廃合、ひいては地方の自治体そのものが消滅するとの推計に悲観するだけでなく、教育も地域の持続性に寄与する使命があります。その意味でいくつかの自治体で進められているコンパクトシティの政策は観光振興と相俟ってさらに効果的になるでしょう。

子どもたちが自県の地域資源に対して自信を持って紹介できるためには、地域の声をまとめ、ある種のストーリーを伝える場面を用意することが大切です。地元ではあたり前のことでも地元以外には知られていない秘密めいた事柄であることを自覚化させることでまちづくり意識にも寄与できます。地元の人の日常の過ごし方、食べ物や風景、言葉など暮らしの中のあたり前を紹介させ、地元のこだわりを地域の特徴まで格上げし共有する、地元の盛り上がりと口コミを効果的に自覚し、わざわざ宣伝費をかけて広報するのでなく観光客が「わざわざ訪れる」仕組みづくりになるようにすることが重要と言えます。いわゆる着地型観光にも通じますが、「季節感や地元感」、「ストーリーが生きる」、「寂れていない」、「人や場所イメージが前面に見える」、「あるものを使う」などのキーワードが共有される必要があります。

子どもたち自身、観光を題材に学習することに対し積極性を見せるため観光そのものに教育力が備わっていると断言できます。自分の住む地域や県の魅力を初めて知った喜びに近い感覚を覚えるらしいのです。今後、学校教育において観光の学びが華を開く時代にならなくては、ニッポンは諸外国から尊敬されないでしょう。地方もさらに衰退する懸念があります。

6 二つのタイプの観光の学び

大きく分けて、二つのタイプの学びが想定されます。外へ出かけていく想定と外から観光客を迎える想定の二つです。

❶アウトバウンド観光学習（学習者自身が旅行する想定での学び）

①図上旅行学習

・地図上における観光ルートの設定学習（観光スポットの位置、距離測定、標高や土地利用の読み取り、利用する交通機関）
・地図上で滞在希望地を選択する学び（温泉地であるか、旅館やホテルか、観光の目的に応じて）
・児童生徒による模擬的な旅行商品の開発（パッケージ・ツアーの立案、キャッチコピーの創作）
・過去の旅行家の流行ルートを追体験する学び（有名な紀行文や探検記の読解）
・スポーツや食、自然、歴史、医療、祭りなど各テーマに応じた旅行地選択学習（ニューツーリズムとそのニーズ）
・安全な旅を確保するための注意事項に関する学習（保険の活用、災害やテロからの危険回避力）

②旅先の土地紹介学習

・ある地域の既成の観光ガイドブックを読み解く学び（観光協会のＨＰや地誌書の通読）
・旅行記を記述（その土地の個性を描写、地理統計や地理写真の利用）
・外国語を学び外国の文化や土地を研究（外国事情調べ）
・現地（想定）フィールド観光学習
・実際に旅行先に出かけることを想定し、距離や移動手段などを工夫し予定した訪問先で景観や場所、人との出会いをたのしむ仮想学習
・現地において工場見学を通した産業観光。
・現地で歴史的文化財や史跡を巡る学習
・予算の範囲内での個性的なお土産購入

❷インバウンド観光学習（外から観光客を迎える想定での学び）

①観光ホスピタリティ学習（接遇の学習）

・訪日外国人と交流する際の語学や心配り（例：外国人向けの対処、市民としての接遇の技能）
・外国人が求める日本文化（お土産）への理解学習（外国人が日本のお菓子や薬品、時計を買い求める理由）

②観光業の学習

・旅館、ホテルや旅行代理店、交通機関の従事者、土産物店などの仕事に関する学習
・各種の観光業が地域の経済成長に貢献している事実

③観光まちづくり学習

・来訪者によって自分の住む地域の活性化が起きる動き（土産物店や遊戯施設が立地し始め、観光地が有名になっていく現象）について検証
・観光まちづくりへの参画（児童生徒ができる範囲内で広報・啓発事業への関与）

これらの学習の体系化と教育実践例を早急に蓄積しなければならないでしょう。

第四章

思考を深める観光教育のコンテンツ

―ハワイとの比較で学ぶ―

1 お国自慢学習からの脱却

いくつかの学校では観光の学びをイコール地域理解と矮小化して捉え、一種のふるさと学習やお国自慢学習にとどまっているケースがあります。わたくしが考える観光教育はこれではありません。自分の住む市や県に「愛着と誇り」を抱かせるだけに止まらず、思考ツールと問題解決的な学習スタイルを採用し、地域の資源をいかに生かすか、観光客という他者の求めに応じた観光地磨きや新たな地域の魅力につながる企画力を身につける学びを想定しています。同時に様々な学習技能や外国語会話力も身につくから一挙両得です。本章では、沖縄県那覇市立の公立小学校六年学級で実施した出前授業の事例をもとに、観光の授業が児童の多角的な思考を伸ばした事例を報告しましょう。出前授業は三時間連続で実施しました（下表参照）。対話的学びのため、学級を六ないし五人ずつの班で構成しました。本出前授業は、六年社

表　出前授業（全３時間完了）の概要

時間	テーマ	学習内容の概要
１時間目	最新の沖縄県や那覇市の観光を考える	最新の沖縄県への観光入込客の状況を把握し、寺本が開発した「観光地＋動詞＝観光の楽しみ方」の手法を用い、那覇市と近隣の観光地を楽しむフレーズを、沖縄県の地図を見ながら立案する。
２時間目	ハワイと比べて見た沖縄の強みと弱みを考える	ハワイ州の観光の魅力を、旅行パンフレットを用いて学んだ後で、寺本が改良したSWOT分析表を班で囲み、沖縄観光の強みと弱みについて考え合い、記入後班別に発表する。
３時間目	環境と調和した島のホテル建設を考える	寺本が作図した観光島（バード島）の白地図への記入を通して、利便性や自然環境と調和した規模別のホテル建設をテーマに、ペアや班で話し合い観光開発について考える。

会科単元「世界とつながる日本」に位置付けて行いました。

2 ハワイ州（ホノルル市）と沖縄県（那覇市）の比較で思考する

今回の観光授業で新たに開発した教材コンテンツの一つは、ＳＷＯＴ分析という思考ツールを用いた点です。これは、経営学でしばしば用いられるツールとして有名で児童向けに改良を加えました。工夫した点は、比較の対象を提示したことです。自県の特色を他との比較を通して明確化できると考えました。沖縄県と比較する対象はハワイ州と定めました。両者は観光の魅力や入込客数の面で類似し児童にとってもハワイは著名な観光地としてある程度の知識を保有しているからです。

❶ ＳＷＯＴ分析の効果

ＳＷＯＴとは、強み（Strength）、弱み（Weakness）、機会（Opportunity）、怖れ（Threat）の４つの軸から評価する手法のことで企業戦略の立案に用いられます。冒頭、手製のホノルル市の風景コラージュ（Ｂ２サイズの資料）を提示したところ、児童の関心を引き付けることに成功しました。ハワイ州と沖縄県の人口や気候、面積も併せて提示した結果、「沖縄とハワイ州は入込客数や気候が似ている。」「海がきれいで暖かく観光の魅力も同じだ」との前提を素早く理解できました。

その後、「強み・弱み」「チャンス・怖れ」の四観点から分析表を埋める作業（SWOT分析）に班で取り組んでもらいました。その結果、実に多くのコメントが付箋紙に記されました。中学入学直前の6年生3学期ではあるものの、小学生自身がSWOT分析を見事に理解できたことは注目に値します。

❷ 付箋に書き込まれた記述例

実際に6年生が綴った付箋の記述を一部紹介しましょう。まず、S（強み）の欄には「沖縄にしかない、文化・伝統・自然・赤瓦など昔ながらのものがある」「組踊などの伝統芸能がある」「沖縄はハワイと比べ中国や韓国などと距離が近い」が、W（弱み）の欄には「冬は沖縄は雨が多くて寒くなる。気候が安定しない」「オスプレイやヘリコプターの音がうるさい」「面積が小さく、周れる範囲がハワイより少なくなる」が、O（チャンス）の欄には「オリンピックや世界ウチナンチュー大会」「方言」「NAHAマラソンなどのイベント」が、T（怖れ）の欄には「観光客がじゅうたいにまきこまれる」「大雨が多くなって移動が大変になる」「地震や津波」などが書き込まれました。見事に沖縄

表　ハワイ州と比べて沖縄県の観光をSWOTで分析しよう
（空欄に意見を書いた付箋を各自で貼る）

沖縄県の観光面での強み　S	沖縄県の観光面での弱み　W
いま、考えられる観光のチャンス　O	**沖縄観光の心配や恐れ　T**

県の観光地特性を多角的な視点から分析できたのです。

資料1　児童に資料として配布したハワイ州ホノルル市の観光の魅力をまとめた筆者作成のコラージュ

この場面の発言について録音が存在しますので再現しましょう（Tは寺本、Cは児童を表す）。

T：これは手作りしてきた、ホノルルという街の地図です。これ見ると、ダイヤモンドヘッドとか、ワイキキビーチがあります。ブルーのラインはね、緑のトロリーバスに乗って巡るんです。ゴルフ場とか、キラウエア火山とかお隣のハワイ島にあったりする。それからCM「この木なんの木気になる木」の巨大な木とか。ウェディングとかフラダンスとか。おいしい食べ物もあるし、カメハメハ大王の銅像や火を吹くダンスもある。高層ホテルもある。（中略）これでハワイの楽しみ方が解りましたね。付箋を一人4枚配りました。**S・W・O・T**それぞれ書いてね。例えば、**O**の欄には、今考えられる観光のチャンス。沖縄を売り込む最大のチャンスを書くといいよ。

C：2020の東京オリンピック！いっぱいお客さんが来る。

T：そのときに東京には来ても沖縄には客さんは来ないんじゃない？

C：その時に、沖縄ってすごいよって、空港とかに広告を貼って呼び込む。

T：なるほど。それはいい作戦だね。成田空港とかにね。沖縄もいいよ、乗り継いで来てねと。（中略）

T：班長さんが号令掛けて、付箋を紹介しあいながら表に貼っていって、あとで発表してもらいます。ハワイの方が面積は大きいです。でも観光客数は同じだね。（10分後）さあ、発表出来るくらいにまとまったかかな。じゃあできた班から。B班どうぞ…。

B班：観光面での強みは、伝統工芸品が多い事。郷土料理とか、昔ながらの家や建物があることが強みだと思います。そして弱みは、雨が多いのと、台風が来るのと、冬が肌寒かったり、ハワイと比べ山登りが出来なかったりすることだと思います。そして観光のチャンスは、東京オリンピックがあるから、その時に沖縄をもっとアピールしたらもっと観光客が来ると思います。最後に、心配や恐れは飛行機が止まったらどうするのかと。最近沖縄の海が汚れてきているから、マリンスポーツが減ってくるかもしれないということ、米軍のオスプレイが不時着したら、観光客が不安じゃないのかなということです。

T：いきなりすごいアイディアや気づきがありましたね。

A班：沖縄の観光面での強みは、伝統的な食文化や工芸品があること。弱みは、行く場所が少ないから、ひとつの場所に人がとても多い。今考えられるチャンスは、オリンピックや世界のウチナンチュー大会。観光の心配や恐れは、台風が夏の始めに来やすいので飛行機に影響が出てしまうこと。

C班：沖縄の観光での強みは、大陸からお客さんが来やすいということと伝統文化や工芸品が沢山あるということ。弱みは、気候が安定していない、海が少し汚れているところがある、米軍基地がある。オスプレイの音がうるさいということがあって。今考えられる観光のチャンスは、東京オリンピックやワールドカップがあるので、色んな国の人が日本や沖縄に来るので、アピールできる。心配や恐れは、台風や異常気象など。米軍の飛行機が不時着するかもしれないということ。
T：よくニュースでやっているよね。ありがとうございました。では次はD班です。
D班：県の観光の強みは、中国、韓国が近くてその国の言葉を喋れる人が多いから、観光客が増えると思います。弱みは、冬は寒かったり夏は暑すぎたりして気候がばらばらだから、天気はあまりよくないと思います。今考える観光のチャンスは、東京オリンピックや昔の古民家や伝統工芸品とか流行ってきていること。心配や恐れは、雨や台風が多くて、道が汚れたりして観光ができなくなったり、（沖縄の人が）ウチナータイムで時間に良くない所があるから心配です。
T：ウチナータイムと観光客が繋がらないけど…。
D班：ウチナータイムだと移動する時とか遅くなったら、渋滞に巻き込まれたら全然進まなくて観光ができなくなるので。
E班：観光面での強みは、祭りが多く沖縄にしかない文化や伝統、自然などがあること。ハワイに比べて色々あることです。観光面での弱みは、ハワイの方が土地は大きいので、そこに新しい観光スポットを作られたら、沖縄に来る人が減ってしまうということ、沖縄県は田舎だと思われている。今考えられるチャンスは、2020年に東京オリンピックがあり、飛行機で沖縄に行って東京に戻ったりする、ちょっとこっちでゆっくりしようかなという人もいると思うし、伝統工芸や方言なども見に来ようとしている人も増えているので観光のチャンスだと思いました。心配や恐れは、基地や軍があって、オスプレイなどの問題があるのと、車の渋滞があることと、ハワイの方が色んな国から飛行機が飛んで行きやすいということ、内地に比べて少し遅れていること。そこが心配です（後略）。

以上のように、六年生なりに実に多角的な思考に到達できた。

3 架空の観光島で環境と開発の調和を考える

次に開発した新教材は、地図ワークです。バード島と名づけたこの地図は、鳥の形をした亜熱帯の島の絵地図であり、学校や田芋畑、港や小さな集落、サンゴ礁や浜辺、断崖の連なる海岸、砂州でつながる島、しゅろ科の樹木などが生える島としてわたくしが描きました。問いは「バード島のどこにリゾートホテルを建設したらよいかを考えよう」です。建設したいホテルの規模を「大・中・小」と選ばせ、「考えられるメリット（メ）とデメリット（デ）」も書くように指示しました。児童が選んだリゾートホテルの規模は大10人、中14人、小6人でした。

砂浜近くに「大規模ホテルを建築する」を主張した男子は、「メ：ビーチの近くなので景色がとても良い。デ：費用がかかる。港から遠い。」池の西側に建設する案で中規模ホテルの考えの男子は「朝日夕日が見ることができて奇麗だし、夜は周りに電灯がないから星がキレイ。めずらしい生き物に出会える可能性あり。でも海にいくのに時間がかかる。」田芋畑の西に建設案の小

写真3　バード島の地図にホテル建設の場所を書き込む児童

規模ホテルを選んだ女子は「メ：近くに田芋畑やビニールハウスがあるから農作業とかを体験したりできる。デ：近くにある山をとりこわしてしまう可能性がある。農家の人に迷惑かもしれない。」などとホテル建設に伴う諸問題や効果について思いをめぐらすことができました。こうした課題学習は、自然環境と観光開発との間で生じる諸問題を多角的に考えるトレーニングになるでしょう。世界自然遺産地区が広がる沖縄本島北部や西表島を有する沖縄県では避けて通れない題材ではないでしょうか。

4　教科等横断的な学習で観光を扱う意義

地域の主産業が観光業の自治体では、単にふるさと理解を促す学習の一環だけでは不十分です。将来の地域を支える人づくりの観点から観光教育に取り組んではいかがでしょうか。わたくしの肌感覚に過ぎないのですが、観光を授業場面で扱えば児童の表情が違ってきます。観光というポジティブなテーマを仲間と多角的に考え合う場面が楽しいようなのです。英語で観光地案内のフレーズを札幌市や那覇市内の小学六年生に実施したこともありますが、そのときも嬉々として取り組みました。観光教育は、ふるさと学習＋外国語会話＋ＳＤＧｓ（環境やまちづくり、防災、平和など）の要素が詰まっており観光業と絡めればキャリア教育にまで有効です。実社会の文脈と自己の生き方を関連付けて問い続ける教科等横断的な学習が実現できます。

観光教育というジャンルは、観光地理解といった地理的な内容だけで成立するのではなく、歴史（文化財）や観光産業（交通・宿泊業・ＩＴ産業）、旅行プラン立案や観光地側のおもてなし企画、災害時の安全管理、ホスピタリティ（接遇）、両替や為替の知識なども必要になります。グローバル化が一層進展するこれからの社会にとって、「深い学び」を実現するためには、「伝え合い・学び合い」が多様な授業場面で起こるように指導の工夫が求められます。例えば社会科では、社会的に意味ある題材をクローズアップしリアリティと切実感を醸し出すことが重要です。「社会を自分事へ引き寄せる」、「社会認識を深め、価値更新に導く」などの言葉でこれまでも重要視されてきた切り口です。農業や工業、ものづくりの精神を学び技術の伝承や価値に気付かせる産業観光の視点も学びがいがあります。さらに、社会科の既成の単元でも小五「情報と産業とのかかわり」や小六「戦後の暮らしの向上と観光地の発展」、中一・二「日本と世界の諸地域」の諸単元に観光内容が一部盛り込めます。

第五章

多角的な思考を育む児童生徒用の観光教材コンテンツ

1 問題の背景

訪日外国人が国内で使ってくれた4・5兆円と日本人の旅行による消費と合わせると観光で約25兆円近くのお金が使われています（観光庁：2018年度旅行消費動向調査による）。それに伴い不動産などの都市開発、情報産業、ブランド農水産品販売も伸びました。観光は、コロナ禍によって一時瀕死の状態に陥りましたが、観光は我が国の発展に欠かすことのできない産業や地域振興の起爆剤に成長しています。

一方で、教育界における観光を題材とした内容は皆無に近く、「観光」という言葉を伝えれば、修学旅行の準備学習としてしか連想されない場合もあります。ましてや観光業を担う次代の育成や重要な産業としての認識、観光を通した地域像・国土像の形成は等閑視されたままです。観光題材に最も関わる小中学校の社会科教科書を開いてみても、小学校で自動車産業や農林水産業、情報産業などの記述が、十数～五十数頁にわたるものの観光業については一切触れられていません。中学校では地理的分野で北海道や沖縄県の諸地域学習の場面において観光による地域変容などの紹介が一～二頁あるものの、観光業についての記述はやはり皆無です。公民的分野でさえ、観光振興によるまちづくりが描かれていません。観光業や観光の動向は社会のグローバル化や地方創生にも大きく関わり、国連の定義（観光は平和へのパスポート）でも平和の構築に寄与する魅力的なジャンルであるにもかかわらず、その意義が教育界では語られてないのです。早急に検定教科書への観光業や観光事象の記述増加を望むところです。

理想的には次期の学習指導要領に「観光による地域振興」や「観光業の重要性」が内容として書き込ま

れることが必要ですが、次の指導要領の改訂を待たずに、教科書内容に観光題材をもっと加えていく努力を各社の編集担当者に期待したいものです。社会科以外では、英語の教科書中に訪日外国人への道案内教材が登場しており、家庭科において観光地で有名な郷土料理を扱ったり、音楽科で旅行先の国の音楽を、保健体育科でスポーツツーリズムを登場させたりすることくらいは工夫できます。

ところで、旅館やホテル業、土産物店、運輸業、観光協会、出版・広報、ＩＴ産業等で働く方々にとって、観光業界を支える人材の育成はまったなしの状況ではないでしょうか。一部には不足する観光業で働く人材（接客や受付、清掃）を外国人に期待する動きもあります。清掃業務などの人手不足を補う意味では有効な側面かもしれませんが、外国人スタッフだけでは、質の高いインバウンド需要を支えることができません。外国から日本文化や自然の美を堪能したくて来訪してくれる観光客に対し、浅薄な知識の外国人スタッフがお出迎えして果たして満足にいく日本旅を味わってもらえるだろうか疑問だからです。やはり、基本的には日本文化に関する豊富な知識を有した日本人スタッフが必要であり、世界水準の観光地として国や地域の発展に寄与してもらう観光人材の育成が急務ではないでしょうか。特に、観光産業がリーディング産業である都道府県においては、観光題材を学校教育で扱うことは避けて通れないはずです。今や、主要な国内観光地では販売や接客、観光ガイド、食材の提供、建設、交通、観光協会業務で多くの仕事が生まれています。ゲストハウスや民泊などの経営に乗り出す若者も多くなりつつあります。高齢化に悩む過疎地域では観光振興は起死回生の策と期待を集めています。加えて旅館やホテルのレストランで提供される食材を供給してくれる地元の農水産業にとって観光は不可欠の需要喚起策です。経済的には、観光による収入を軽視しては地方の持続可能性にも支障が生じるようになっています。

2 キャリア教育

観光業に携わる経営者ご自身が、仕事の社会的な意義や観光業の将来像に関してご子息に語っておられるでしょうか。産業としての観光業の役割について、子どもに憧れを抱かせるような説明はできていますか。もし、学校で観光業についての確かな学びが行われているならば、後継者育成に安心して取り組めるのではないでしょうか。観光業を支える次代の育成だけでなく、地域の持続可能な発展に観光が寄与している都道府県では「ふるさと教育」の発展形としても観光の学びは価値を持ちます。観光の重要性に気付かせ人材育成につながる観光教育が推進できれば、総合的学習や社会科等とタイアップし企画力や地域連携力、シチズンシップ（観光市民としての資質）も育成できます。観光ガイド役体験や外国人観光客へのインタビュー体験で実践の機会を与え、児童生徒に効力感を味わわせることができれば、外国語に対する強い興味を喚起することができます。単に観光業発展のためだけの教育ではなく、国民の観光知の向上は、世界の平和に貢献できる自覚と日本の価値を高める主体的で対話のある深い学びへとつながるでしょう。

でも残念ながら、前述したように教育界での観光業の位置づけは極めて弱く、総合的な学習でさえも観光を題材にした学びと観光人材につながるキャリア教育（例えば、観光客へのインタビューや観光ボランティア体験）については、観光庁のＨＰ上での報告資料では、那覇市立開南小学校や秋田県鹿角市の中学生の鉱山ガイドの事例や佐渡市宿根木集落ガイド、天草市の世界遺産崎津集落の中学生ガイド、法政国際高校普通科の「旅する人の観光学」講座を代表例として、ごく一部の学校で展開されているに過ぎません

（ただし、実業系の商業高校では観光科が全国で十数校ほど設置されており、そこでは専門的な教育実践が展開）。観光庁においても基礎的な観光教育振興の重要性は認識しており、既に五年前よりモデル授業校の選定や公開シンポジウムの開催、啓発動画「観光教育ノススメ」の製作に着手し、公益社団法人・日本観光振興協会では観光副読本も作成されています。また、わたくしが属する日本地理教育学会、日本観光研究学会などでも観光教育に関する研究集会が開かれるようになってきました。

一方で、肝心な観光教育コンテンツと指導法の開発は著しく遅れており、その教育効果は詳しく検証されていません。それらを補う意味で、本書において過去八年間かけて開発した代表的な観光教材コンテンツを紹介すると共に実際に出前授業を通して実践的に試行した結果を報告したいと思います。

3 観光題材への興味・関心を引き出す二つの教材コンテンツ

❶ 地域の資源を分類する「観光の花びら」

「観光の花びら」という用語を使い思考を整理させる方法を紹介しましょう。これは県や市域を想定の範囲として、児童生徒に「自県の魅力を思い出し、具体的に訪れてほしい場所や観光資源はどのような場所や事物があるか〝観光の六枚の花びら〟ごとに考えてみましょう。」と教師から切り出し、花びらのようなイラストを黒板に描き、発言を引き出すという簡単なコンテンツです。例えば、わたくしが六年前に那覇市立公立小学校六年生を対象に実施した出前授業を例に考えますと、自然の項目には、「サンゴ礁やヤンバルの森、鍾乳洞」などをすぐに思い浮かべることができました。歴史の項目では、「琉球王朝を代表する首里城やグスク、沖縄戦の歴史」などが、生活文化の項目では、「ウチナー口（方言）や赤瓦の屋根、のんびりした生き方」などが、食の項目では、「沖縄そばやチャンプルー、パイナップル」が、イベント・祭りの項目では「全島エイサー祭りや那覇マラソン」などが、建物・施設の項目では、「リゾートホテル群や空手会館、国際空港」などが児童から発言が出てきました。県によっては、生活文化や建物・施設の項目がすぐに思いつかない場合もあります。それは、その項目の魅力に未だ気付いていない証しです。反対に六枚の花びらにそれぞれ複数要素が思い出せる都道府県は観光の魅力にそれだけ富んでいます。

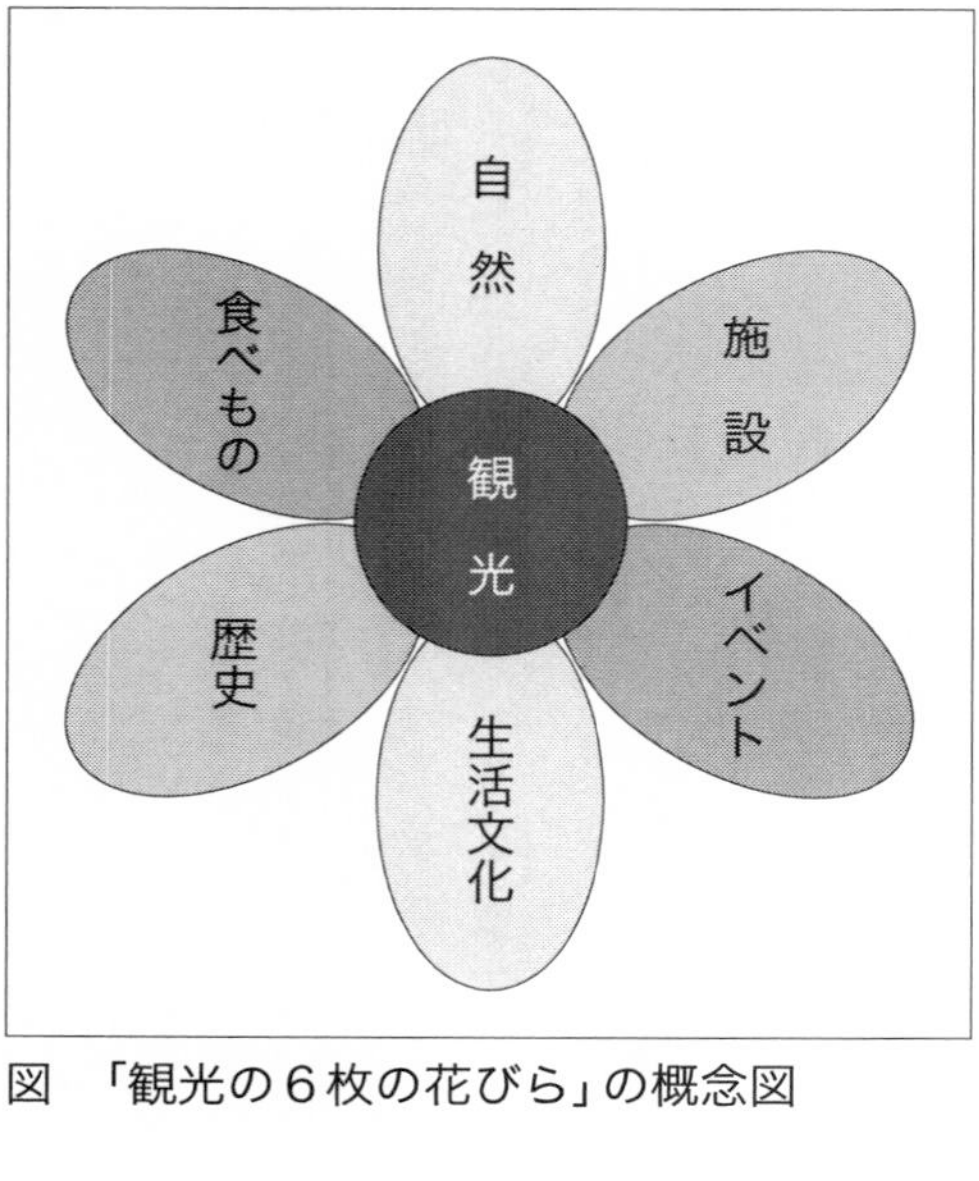

図　「観光の６枚の花びら」の概念図

❷ 地域の歩みがわかる観光開発の年表

二つ目の教材コンテンツは、地域の観光史です。観光がリーディング産業として地位を高めている県は、それなりに観光発展の歩みが導き出せます。残念ながら、都道府県ごとにまとめられた『観光開発史』が未だ見られないため自県や自市の観光開発の歩みを知るのは容易ではありません。関係者への聞き取りや地元新聞に掲載された観光記事の渉猟、当時の関係者からの聞き取り、『市町村史』などから情報を収集し、自市や自県の観光開発の歩みを独自に教材として作成する必要があります。試みにわたくしが取り組んだ例として沖縄県石垣市の観光開発史調査や三重県鳥羽市の例をあげることができます。

石垣市（人口5万人）は、八重山諸島の主島であり美しい川平湾やマングローブ林、ヤシ林、ミンサー織り、竹富島や西表島への玄関口として著名な観光地です。これまで、島の観光がどのように発展してきたかを扱った小中学校段階の授業はわたくしによる出前授業以前では実施されていませんでした。過去十五回の石垣島への訪問経験があるわたくしにとってその点に関する素朴な疑問があったため石垣市立図書館の関係資料を教育委員会指導主事の協力を得て収集し、前述の第二章の表に観光開発の年表を作成しました。その結果、当時の助役であった故・牧野清氏の功績が大きかった点が浮かび上がってきました。

牧野氏が助役を務めていた六〇年代は沖縄県が本土復帰を果たしていない時代であり、八重山地域の観光開発は緒につき始めた時期です。本土からの団体客が初めて石垣島に来島することとなり、牧野氏は真っ先に八重山ヤシの群生地を案内しようと考えたといいます。そのころの南島イメージを代表する景観であるヤシ林を散策する道の整備を休日に役場職員や地元の協力者を得て実施したのです。浜から白砂（サンゴのかけら）を運び道に敷いた（牧野氏の自叙伝による）。このエピソードを活用し、石垣市大浜小学校五年生に実施した出前授業では、「助役の牧野さんが、本土からきた最初の観光客を島の中のどこに案内しようと思ったのでしょう?」を主発問にしました。こうした先人の努力を教材として学ぶことで地域固有の魅力や観光開発の大切さを学ぶことができ、観光開発に対するポジティブな態度を児童生徒に啓発することができます。また、那覇―石垣間テストフライトを成し遂げた株・沖縄ツールストの創設者の一人である故・東　良恒（ひがし　りょうこう）１９３０年石垣市大浜生まれ。１９９９年逝去が地元石垣市出身である事実も提示したところ、児童は強い興味を示しました。

一方、伊勢志摩で有名な観光地三重県鳥羽市においては、観光課で聞き取りした結果、鳥羽観光の歩みがある程度判明できました。市役所観光課がまとめた資料によれば、昭和二五年春に開催された「真珠と海女の饗宴　鳥羽みなと祭りパールカーニバル」が人気を博したことが戦後の観光振興のきっかけとなったようです。その後、二六年御木本真珠島設立、三〇年鳥羽水族館開館、三一年鳥羽音頭レコーディング、三三年岡山方面にキャラバン隊実施、四五年近鉄鳥羽新線開通、四八年海女四名同行による東北への宣伝キャラバン、五二年鳥羽敬老パック旅行商品発売など努力が積み重ねられています。鳥羽市の学校現場において未だわたくしの出前授業は実現できていませんが、主な発問として「当時の鳥羽観光の目玉は何だったのでしょう?」が思いつきます。真珠と海女という神秘的なワードこそ観光ＰＲには大事であったことが分かるからです。地域の観光史とその教材化を通して地元への誇りや自信が育まれ、観光開発の歩みを伝える意義も生じます。こうした事実の掘り起こしを通して地域の特色を生かした観光振興への思いを共有させ、先人の努力なくして自県や自市の観光地が出来上がったのではないことを児童生徒に認識してもらうことが重要です。

4 多角的な思考を促す教材コンテンツ　―ポジショニング・マップ―

観光教育固有のコンテンツとして観光マーケティングの基本を学ぶ内容があります。その代表例がポジショニング・マップと呼ばれる手法です。例えば、沖縄県へのパッケージ・ツアーの条件を考えるため、代表的な6つのセグメント（観光客の客層）ごとで、どの位置の旅行商品が適しているかを二軸の図に位置づける思考ツールがあります。価格の安さ・高さと保養型・目的型の二軸の図に六種の客層のイラストカードを配置するワークを立案しました。個人でなく班で考え合うと楽しいものです。六つのセグメントが書かれたカードを二軸のどのあたりに位置するかを考えて互いに理由を述べつつ二軸の上に置いてみるのです。

念頭に置く視点は、①引き抜いたセグメント（客層）には、どんな属性があるのか（お金と時間のゆとり）②客層にはどんなニーズがあるのか（観光の目的）です。

設定した観光客層は以下の六種類です。児童生徒が想像する客層のイメージも付記します。

★六つの客層

女子大生グループ：なるべくお金をかけずに体験をしたいだろう。

社会人若手層：学生よりはお金に余裕はあるが、あまり旅行にお金をかけられない，仕事で疲れているので少しはのんびりしたいだろう。

ハネムーナー（新婚さん）：新婚旅行で当地を訪れた客。一生に一度の思い出だからふんぱつして二人で満喫したいだろう。

海外ウェディング客：外国人（例えば韓国）なので沖縄という海外で挙式して二人の思い出づくりや両親への感謝を伝えたいだろう。

ファミリー層：金銭的に学生よりは余裕あるが子ども連れだから、あちこち巡らずビーチでのんびりしたいだろう。

シニア（熟年夫婦）：お金に余裕あり、観光地めぐりやゴルフ、沖縄の伝統芸能をゆっくり楽しみたいだろう。 **＊**ワークに必要な時間は、二五分。

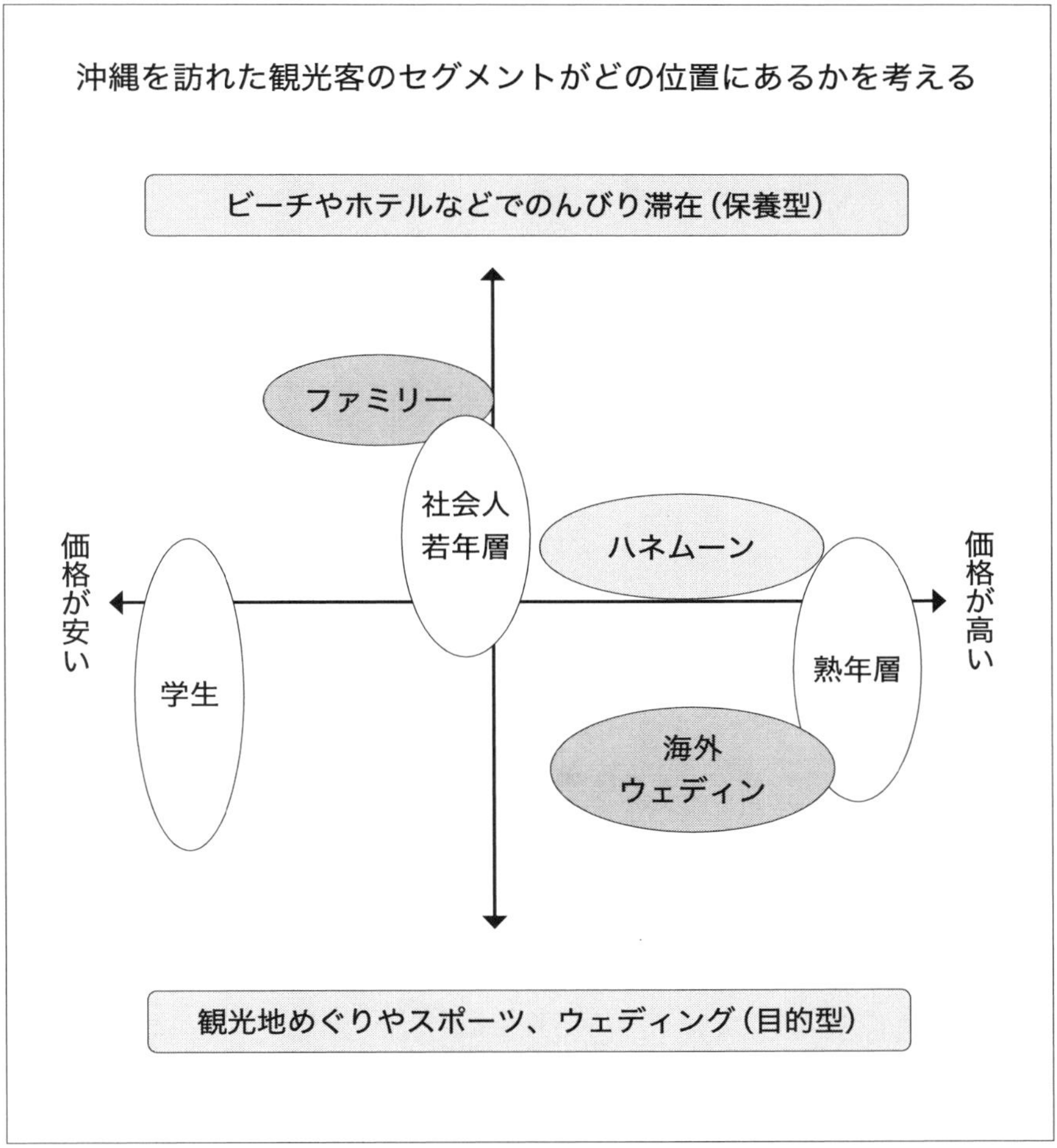

図　6つの客層ごとで適する旅行商品を考えるポジショニング・マップ

注）上図は、森下晶美編著（2016）『新版 観光マーケティング入門』同友館、232ページを参考にした。

5 小中高校における観光教育で育成したい能力

❶ 観光教育の系統性

以上、わたくしが開発した代表的な教材コンテンツは小学校第四学年以上の児童生徒に対して用いることができます。発達段階に見合う内容としては「観光の花びら」は小学生向けの内容と言えますが、高等学校（進学校）で実施してみた場合でも小学生からの意見とあまり大差ありませんでした。高校生といえ、地元であるため観光資源については取り立てて意識せずに高校まで進学してきたせいもあり、自県や自市の観光資源の知識は曖昧なままでした。その点、ＳＷＯＴ分析はやや難しく、中高生にオススメの思考ツールです。でも、ハワイ州との比較で沖縄県のＳＷＯＴ分析を那覇市内の小学年生に行った出前授業では、見事に児童は意見を導き出すことができました。おそらく比較の対象を置くか否かでも思考の深まりが異なってくると言えます。架空の島の白地図ワークも小学校高学年以上のどの段階の学習者でも実施可能です。島だけでなく、狭い路地のある旧市街地、人口の少ない過疎の村などを事例に白地図化して開発問題を思考させることも有効でしょう。

これらの傾向から、わたくしなりに観光教育で育つ能力を新しい評価規準に即して立案し、さらに小中高校生期の３つの発達段階を想定し系統性に配慮してみた表も作成しています。荒削りな面は残っていますが、現時点で観光教育の資質・能力育成に系統的に言及した論文が見当たらないため、一定の意義はあるものと思っています。

❷ 地域の魅力を価値にかえる能力

観光教育は、ふるさと教育ではありません。ふるさとへの愛着と誇りはもちろん醸成されなくてはなりませんが、地域の歴史や偉人、地名に詳しいだけでは地域産業の衰退や自治体間の統廃合が進む中で、かえって知識が活用できず浮遊するだけです。例えば、北海道という観光地の魅力を例に検討してみましょう。本州に住む者として北海道の持つ広大な自然と魅力的な食、アイヌ文化は観光価値として真っ先に浮かんできます。道民の次代である子どもたちも北海道に多くの観光客が来ている事実は知っているものの、案外その魅力を客観的に表現できないものです。発言として出てくる観光地や観光資源はメディアで見聞きした紋切り型の情報にとどまり、北海道が持つ風土の魅力（テロワール・Terroir）が語られません。また、雪の魅力も児童にとっては、あたり前の事象と映っており札幌市などで冬季気軽に家族で楽しめるウインター・スポーツや雪遊びそのものが観光資源であることに気付いていません。札幌市内の小学四年児童に対して「観光資源として見るアイヌ文化」の出前授業を行った際にも、アイウシ・モレウのアイヌ文様の色紙切り抜き作業を介して美しさに初めて気づいたようでした。また、道東や道南に旅したことのない児童も多く北海道という単位を丸ごとつかむことができず、「ほっかいどうがく」の推進にとっても課題が残りました。北海道はその広さから、児童生徒の認識の濃淡が地域的に生じやすいのです。

一方で観光は地域の魅力を一種の価値に高めなくては資源として活用できない世界です。たとえ山奥に美しい紅葉スポットがあっても屈強な登山家しか見ることのできない場所であったなら、そこは観光地とは言えません。交通路の整備や紅葉スポットを楽しめる展望台の設置、観光情報の整備、紅葉だけに頼らない通年の楽しませ方の立案などの工夫がどうしても必要になってきます。そうした問題解決の学びこそ観光教育しかできない固有の学びと言えないでしょうか。

観光の魅力の大きな要素として食があげられます。いわば地元の特産物です。これもいくら地元で食されている味わい深い食材や料理が有名であっても即、観光商品とはなりません。商品化にはマーケティング戦略が必須で、果たして来訪者の味に見合うか、来訪者が一度に食べる量的に適切な食材はどれくらいか、ネーミングの工夫や食の背景に横たわる物語、通年もしくは一定期間同じ味を確保できるか、そして適切な価格の設定や販売網など検討すべき課題は山ほどあるのです。これらの複雑な課題や問題の解決には高校生くらいならば挑戦できます。高校で始まる「総合的な探究の時間」は本来、そうしたリアルな問題解決の場にしたいものです。しかも、現代はＳＤＧｓ（国連・持続可能な開発目標）が重視され、産業界もこぞって旗印として掲げています。観光業も当然このゴールに無関心でいてはならず、持続可能な観光や責任ある観光をキーワードに発展しなくてはならないのです。

欧州においても既に二〇一六年に持続可能な観光に向けての欧州観光の指針が作成されています。そこでは、増え続ける観光入込客への適切なマネイジメントと社会、文化、経済、環境のインパクトへの対応策が二七の指標として策定されていました（European Union：2016）。我が国においても、欧州同様の問題が顕在化しています。また、先に挙げた食の商品開発にも伝統文化維持、里海や里山の保全、労働環境の改善、食材ロスの回避などが問題視されます。観光を題材とした学びを通して実社会に生きて働く能力が身に付く機会となります。そうした意味で、地域の魅力に気付かせ、それを観光客といった他者目線で意識させつつ、「魅力を価値に高めていく学び」を通して様々な知識や技能、思考力・判断力・表現力が獲得できます。今後、さらに教材の整備や教育方法論の検討を進めていく必要があるでしょう。

前述したように現時点では教科書への記述が皆無に近い観光業ですが、既存の単元でも導入できる箇所があります。小学校社会科第４学年の単元「わたしたちの県の様子」に位置づく、伝統工芸品の扱いがあげられます。教科書には数頁を使って伝統工芸品である焼き物や織物、木製品などの生産工程や技術の継承の大切さが解説されていますが、観光商品としての扱いは不十分です。現実には工芸品の多くは一部の年配の富裕層や外国人観光客の購入で支えられており、小学生を持つ若い家庭ではほとんど購入されていません。つまり伝統工芸品が子どもや若者の世界では縁遠いものとなっているのです。

わたくしが指導助言した社会科授業で工芸品の大切さに気付かせるため、子どもたちに向かって「皆さんを含め日本人が買わない・使わないなら、もう伝統工芸品は無くなってもいいんじゃないか?」と思い切った切り込み方で「ゆさぶり」を試みたことがありました。第五学年の農業単元でもブランド米や日本酒、リンゴや柑橘類は観光資源に高まっていて、旅番組で紹介される大半の特産品は観光商品と言えます。農水産物の生産も販売あっての工夫です。観光農園や魚広場での水産加工品販売など、観光客が何を求めているかをもっと社会科で扱うべきでしょう。情報の単元でも新聞やテレビの仕事は扱っても様々な観光情報が多様な産業を活性化している実態は教えられていません。小中学校のいずれの普通教育段階でも観光客のニーズやマーケティングの基礎さえ扱われていないのが現状です。せめて、北海道や沖縄県のように観光がリーディング産業である県では観光教育を意識的に推進し次代の育成に向かわないと当地の観光産業の将来が危ういのではと懸念しています。観光教育の重要性を観光界あげて訴え、地元の教育界に向けて観光業に関する内容を扱うよう働きかけてはいかがでしょうか。我が国が観光先進国へと発展するために優秀な人材がこの業界に集まってくる必要性については、誰しもが賛同して下さると思われますが、その具体的施策については未だほとんど動きがないのです。ようやく4年前から観光庁観光産業課で観光教育推進のためのささやかな予算が付き、プロモーション動画「観光教育ノススメ」が作成されたに過ぎないのです。

欲を言うなら観光業は地域色も強く現れるため、各地のＤＭＯが地域の観光人材育成に関与してほしいものです。先進的な試みでは、沖縄観光コンベンションビューローが六三頁カラーの小学生向け『観光学習』副読本を編集し県内の小学校に無料で配布してきました。また、ＪＴＢ協定旅館ホテル連盟沖縄支部連合会では、創立五十周年記念事業で『おきなわの観光のしごと』といた冊子を本年発行し県内の小学校に配布したようです。観光は裾野が広い業種のため各種の産業によい影響を及ぼします。弱点は相手あっての産業でしょう。いわゆる中国問題により、中国と日本の間に横たわる観光客激減の問題だけでなく、東日本大震災という自然災害の直後にも観光需要が冷え込みました。そうした政治や災害リスクこそが観光の最大の敵なのです。これらのリスクや制約にも打開策を模索できるレジリエンスの強い人材は簡単には育ちません。

日本橋で六年前に開催されたツーリズムＥＸＰＯ２０１７の前夜祭（グローバル観光フォーラム）では、世界の観光流通の中でアジア圏の伸びが著しいことが報告されました。また、基調講演者であるデビッド・スコースィル（世界ツーリズム協議会理事長）氏は、次の4点の課題解決を日本に求めました。その四点とは①スキルの向上や言語力を備えた人材育成②大都市の宿泊所増への対応③空港の能力の拡大④客の地方への拡大の4点です。教育と関わる人材育成が冒頭に挙げられた点が注目できます。また、近年の報道では東京の観光人気度ランキングが総合四位からパリを抜いて三位に上がっています。これは、安全で清潔・便利な東京の価値が改めて評価されたからにほかなりません。

これらの観光を取り巻く世界の動向を正しく理解し児童生徒の世界像を形成していくためにも初等・中等段階の観光教育が果たす役割は大きいのです。現実には総合的な学習（探究）の時間や社会科や外国語教育との合科的扱いにより特別単元を創作し地域の特性に応じた効果的な観光教育を立ち上げる必要があります。市や県レベルにおいて観光の社会状況は大きく異なるため、観光教育は今のところ全国一律でなく観光がリーディング産業である自治体の教育政策として推進される必要があるでしょう。その意味で行政部署では教育委員会と商工観光課（観光協会や観光コンベンションビューローも含む）の連携が必要になってくるのではないでしょうか。もう縦割り行政の弊害を嘆く時代ではありません。部署間の連携こそ、地方活性化の一丁目一番地なのです。

観光はオンワード（前向き）な姿勢を学習者に抱かせる力を秘めています。観光を通して様々な業種が連携でき、観光交流によって人々の幸福感が助長されます。観光資源化や観光商品化への努力は生きがいとやりがいを生み出します。観光客の争奪をめぐり地域間や国家間の競争は激しくなるものの結果として観光地の市民力を磨くことにもつながるのです。グローバルな社会において観光による社会の変容は、遮ることのできない自然の流れなのです。

6 若者世代に憧れとしての観光業を　―DMOに託したい観光教育支援―

「持続可能な社会の創り手」を求めた学習指導要領の理念を観光教育に生かせば、人々の幸福と自然を基盤とした解決策（Nature-based Solutions）をゴールと定め、バックキャスティング的な考えで教育設計していくことができます。自然遺産への立ち入り制限や京都市などで発生したオーバーツーリズム（観光公害）の解決策を思考できる人材や市民も観光教育で育成できるのです。

教科書への記述が皆無に近い観光業ですが、導入できる箇所があります。例えば、小学校社会科4年の単元「わたしたちの県」や中学校社会科の「日本の諸地域」「地域の在り方」に位置づく、観光資源や伝統工芸品の扱いがあげられます。教科書には数頁を使って県内の著名な焼き物や織物、木製品等の生産工程や技術継承の大切さが解説されていますが、観光商品としての扱いは不十分なままです。5年社会科の農業単元でも伝統的な稲作学習に終始するだけなく、ブランド米や日本酒、リンゴや柑橘類の観光資源としての価値を扱うべきでしょう。進学校の高校でも出張授業を試みましたが、地元の観光動向や観光資源に関する知識は小学生と大差ありません。つまり、観光を題材とした教育は、ほとんどなされていないのです。

総論では優秀な人材がこの業界に集まってくることに誰しも賛成して下さるものの、そのための具体的施策については動きが少ないままです。幸い、わたくしも制作に参画しましたが観光庁観光産業課によってプロモーション動画（観光教育ノススメ）が作成されています。その中に那覇市の小学生による外国人観光客へのインタビュー調査の場面も映っています。

那覇市国際通りで外国人観光客に英語で来沖理由を尋ねている様子

（小学5年生）延べ150名のアンケートが実施できた。歴史や文化を理由にあげた客が少なく、沖縄観光の課題が明確化できた。

「観光を教育する」といったフレーズには、未だ教育界への訴求は弱いままです。観光業は地域色が強く現れるため、各地でDMOが組織されました。だとすれば、「地元で観光基礎人材を育てる！」といった意識が必要ではないでしょうか。地域が成熟した観光地へと成長することを本気で期待するならば、若者世代に憧れの産業としての観光業を見せてあげてほしいものです。そのために各県のDMOと教育委員会が連携して観光の基礎人材育成をすぐに開始してほしいと願っています。インバウンドとアウトバウンドはこれからの観光政策の両輪です。若者の海外旅行行動が思う様に伸びない実態も懸念されています。インバウンドを振興する場合、相手目線に立ち「言葉の通じない異国を旅行するとは、どういうことなのか」「海外旅行という経験はどのような体験を経て満足度を高めることができるのか」「異国で不安や不便、心配になる場面はどういった場面なのか」は海外旅行を自らも経験して初めて理解できることのような気がします。

第六章

観光教育と社会科教育の親和性

―見方・考え方、市民的資質、修学旅行を見据えて―

観光を題材とし観光人材育成を目途にした観光教育は、社会科教育及との親和性が高いです。観光客という他者を意識する視点は、公共や相手意識を大事にする社会科の考え方と近いのです。観光教育で題材とする観光地や観光事象は同時に都市や県、地方、国単位であることが多く自然景観を観賞する旅は地理学習と近似です。さらに文化財・史跡を巡る旅は実感的な歴史学習と近いのです。観光まちづくりや観光業の特色、外国人観光客をコミュニティに受け入れる場面を学ぶのは公民的学習と類似の方法論です。しかも、観光という窓口で地域振興や国の国際的地位の向上を狙う教育は、シチズンシップ（市民的資質）とほぼ同一です。平和や環境保全、公平で安全・安心な社会の形成者として社会科教育は資質・能力形成を目指していますが、観光教育も行きつく先は同じです。地球市民的な意識は観光市民としての資質と類似していて、広義には公民的な資質に含まれると言っていいでしょう。異なる要素は、幾分か観光教育の方が相手目線を意識し、資源への見方や交流への考え方がダイナミックである点です。

1 観光庁の取組

観光交流は、旅行者とそれを受け入れる観光地住民の双方にとって地域の持続的な発展に寄与する上で、地方においては重要な施策となっています。我が国の人口減少と地方の衰退を補う意味で交流人口や関係人口の増加が期待されていますが、未だ国民の観光知（観光に関する意識や能力）は満足いく水準ではありません。地域の資源を理解するだけでなく、そこから観光価値を磨きあげていける人材を育てなければ観光先進国への仲間入りも険しいのではないかと感じています。「観光教育」とは「観光分野における人材育成を目指した教育」（ＪＴＢ総合研究所観光用語集による）と定義されていますが、従来は大学や専門学校における旅行企画やホテル業、ブライダル事業など実務者育成に特化された用語として捉えられてきました。

一方、観光庁はホームページ上にて「観光教育の普及に向けて」と題し、「次代を担う子どもたちが、観光が果たす役割について理解し関心を持ち日本各地の観光資源の魅力を自ら発信できる力を育む観光教育の普及に取り組んでいます。」と着地である観光地の子どもたちの資質・能力に言及しています。わたくしは、子どもの旅行力育成も同時に必要であるとし「出かけていくための観光学習」と「訪問客を受け入れるための観光学習」の両面が能力育成に不可欠であると考えています。

2 観光教育の動向

❶ 国内の観光教育の動向

観光庁はホームページ上で前述のように「観光教育の普及に向けて」と題し、次世代育成に言及しています。確かな観光人材の育成のため大学の観光学部と観光産業界が連携した中核人材育成事業の推進を図ると共に小中高等学校段階における観光教育の調査やモデル実践校の指定（二校）などを介して普及事業が五年前に実施されました。エポックとして、二〇一九年三月十三日に朝日新聞東京本社読者ホールを会場に、国主導で初めて「観光教育シンポジウム」（観光庁観光産業課主催）が開催されたことがあげられます。筆者も制作に参画した動画「観光教育ノススメ」がYouTubeで視聴できます。

また、観光業界を取りまとめる公益財団法人・日本観光振興協会では、小学四年生〜中学一・二年生を対象としたリーフレットを1万5千部印刷され関心を持つ自治体に無料配布されています。

一方、学習指導要領改訂に合わせ小中高等学校の教科書改訂作業が進展しています。早急に観光の重要性を児童生徒自身が認識でき観光振興によって日本を支える観光市民としての資質・能力を育成することが、都市の持続的発展のみならず、人口減少に悩む地方の衰退に対する課題解決策（関係人口増加）に必要な施策であることが見えてきます。学習指導要領改訂において、わずかに高等学校に至って普通科「地理探究」（3単位）の中に「交通と観光」が項目として入ったことに加え高等学校実業系商業科に「観光ビジネス科」（4単位以上）が新設されたことは特筆に値します。観光を題材とした学びの枠組みが少しでもできたことは貴重な一歩と言えます。

観光が学校教育で扱う学習内容として今後重要になってくるとの問題意識から筆者は寺本・澤編著『観光教育への招待』を世に問いました。関連学会で口頭発表や出前授業により、指導コンテンツも開発してきましたが、小中高等学校段階における観光教育の実践は、一部の実業高校商業科観光コースの事例を除けば著しく低調のままです。二〇一八年九月二二日和歌山大学で開催された日本地理学会地理教育公開講座において田部俊充日本女子大教授による司会のもと初めて高校新科目「地理探究」と観光教育をテーマに論議が実現できたことは大きな進展となっています。そこでは井田仁康筑波大教授や澤達大京都文教大准教授そしてわたくしによる発表と菊池俊夫首都大教授、ヤン・ジャヨン筑波大院生（当時）、秋本弘章獨協大教授によるコメントと総括を通して観光教育に地理教育が一層関与していくことの重要性が確認されました。大きな一歩であったと思います。

❷ 諸外国の観光教育の動向

カリブ海諸国では、カリブ観光機構（Caribbean Tourism Orgnisaition）が当該地域の若者に対する観光教育推進のために作成した指導書が刊行されていて、それを知った日本の関係者によって（財）国際観光サービスセンター（２００２、２００３）から訳書が出版されています。このうち、初等段階の観光教育を考える前著は今後の我が国における観光教育の進展に極めて参考になります。その冒頭1頁目に、「総合学習計画」の見出しが記され観光教育の意義が次の文章で綴られているので以下に採録したいと思います。

「・カリブ地域の全小学校の生徒全員を対象に、観光に対する意識を目覚めさせることにより、観光産業とその就労機会の重要性について認識させることができる。
・カリブ地域の独自性の保護と振興を念頭にいれ、生徒に地域の独特なイメージを投影することにより、誇りと自信を持たせる。
・小学校の生徒にカリブ地域の観光商品及び文化遺産を十分に理解させることにより、地域の観光の成長と持続性にとって重要な要素である人的魅力、友好、親切というような接客の技能の開発を念頭におく。
・観光の重要性を国民に意識付け、観光教育の必要性を認識させる。
・観光は自国や多くのカリブ諸国にとって主たる国家財政の収入源であり観光産業や観光客に対して積極的な態度でのぞむべきであることを生徒に理解させる。
・生徒に自分たちの島と他のカリブ地域の島々を客観的に注目させ、周辺の環境への関心を増幅することにより、その保全に興味をいだかせ、その過程において自国の美しさへの意識を高める。」

まさに、観光教育の目的と意義が力強く述べられています。この教本の中では、観光教育で培われる能力や観光による波及効果が端的に整理され、学校の教室内に生徒自身が集めてきた資料を展示する観光コーナーの設置などが繰り返し示唆されています。

一方、人気の観光地ハワイ州に関しては、わたくし自身がハワイ州ホノルルを訪問し観光オーソリティという機関で州の観光教育事情に関する聞き取りを行いました。当地では訪問時「ハワイ州観光戦略計画」が策定され中高校段階から積極的に観光を学習内容に取り込み、原住民から受け継いだ〝アロハ〟の精神を初めとする五つの価値を専門家のワークショップも開きつつ、高校生に受け継がせる努力が実践されていました。ホテル業界や航空業界も州の観光人材育成に協賛し、ホスピタリティ研修とトラベル管理法の2種類の研修講座が一七の高校で展開されていました。さらに週末、金土曜日を活用しワイキキのホテルで高校生によるインターンシップも経験されたといいます。加えて中学校では急増する韓国人観光客との文化交流事業もあったそうです。

他方、中国や韓国では旅行地理に関する教育課程が整備されつつあります。李・池によれば、中国では小中学校で観光ガイドをまねた調べ学習や観光業の重要性を理解するための学習が行われているといいます。また、韓国では高校に設置された進路選択科目として「旅行地理」が新設されました。その目標では、「ア望ましい旅行に必要な知識、技能・態度を学ぶことで、総合的探究力と批判的思考力、問題解決力・意思決定能力を養う。イ国内・世界的に広く知られている地域別自然環境および人文環境の特性とその場で住んでいる人々の様々な生活模様を理解、尊重・配慮そしてコミュニケーションと共感する態度を養う。ウ旅行の特性とその変化を通して現代社会の特性と未来社会の変化方向を探索し、自分だけでなく人類共同体の望ましい、幸せな暮らしを作るときに必要な進路探索能力、共同体に対する責任意識、社会参与能力を養う。」と定義づけられています。

このように各国で観光を題材とした教育が実施され始めていますが我が国の強みは、国の政策として観光振興や人材育成が検討されていることです。時代の要請を受けて学校教育においても観光教育の振興を推進したいものです。

3 社会科教育における観光教育の意義

❶ 地理的歴史的な見方・考え方

地理的歴史的な見方・考え方は、観光題材を教材として取り込むことで学習者にとり一層興味関心を引き付けることができます。その内容は、我が国の観光政策の地域的展開に始まり、インバウンドやアウトバウンド客の空間的移動の状況や統計理解、観光開発による多産業へ波及、地域の自然と歴史文化を活かした観光まちづくりの推進、自然や文化財等多様な地域資源の観光化など、社会科教育が得意とする地域的特色に帰着できます。

例えば、中学校社会科地理的分野の「日本の諸地域」の扱いでは、指導要領で掲げられた5つの主題を設けて課題を追究したり解決したりする活動が期待されています。各主題ごと観光学習の1例を（　）内に位置づけてみると

①自然環境を中核とした考察の仕方（北海道を事例に国立公園の成り立ちと観光開発を生徒自身が調べて考察する）

②人口や都市・村落を中核とした考察の仕方（中国四国地方を事例に都市・集落観光と観光地形成について事例地を通して学ぶ）

③産業を中核とした考察の仕方（中部地方を事例に産業の集積と産業観光の魅力を学ぶ）

④交通や通信を中核とした考察の仕方（関東地方を事例に首都圏における観光地間の交通発達と観光情報による地域活性化を学ぶ）
⑤その他の事象を中核とした考察の仕方（九州地方や東北地方を事例にエコツーリズムや日本・世界遺産観光、防災学習旅行を取り上げる）といった視点が一例として考えられるでしょう。

さらに、多角的な思考を促すアクティブ・ラーニングとして観光教材コンテンツを筆者は開発しました。これまで小中高校生に対し観光地の強みや弱み、機会や怖れの四要素について思考するため経営学で用いるＳＷＯＴ分析表で思考させたり、各地の観光資源を6つに分類する「観光の花びら」、観光開発と環境保全を思考させたりする白地図ワーク、観光地＋動詞＝観光の楽しみ方フレーズ立案など多様な授業方法を開発し延べ80時間近くに及ぶ出前授業を実践しコンテンツの有効性を検証してきました。今後、社会科教育の方法論を援用しつつ、観光を題材とした地理的歴史的公民的な見方・考え方等の育成が観光の学びとして成立し、それが観光教育のフレームワークの構築にもつながることを期待したいと思います。さらに、マーケティング基礎やホスピタリティ精神の涵養を目途に観光教育のフレームワーク構築にも寄与したいものです。

❷ 地誌学習

平成二九年に改訂された小中学校の学習指導要領では、初めて小中学校社会科を貫いて育成を目指す資質・能力が一覧表として整理されました。「知識及び技能」「思考力、判断力、表現力等」「学びに向かう力、人間性等」の三本柱で「よりよい社会」の実現を視野に入れた「主体的・対話的で深い学び」への達成が目標化されたのです。その中で、空間的な見方や考え方の系統的な育成は小学校社会科の教科目標にも明記され「グローバル化する国際社会に主体的に生きる（中略）公民としての資質・能力の基礎」を培う上でも極めて重要であることが確認されました。また中学校社会科で明確化された5つのテーマ（位置や分布、場所、人間と自然環境との相互依存関係、空間的相互依存関係、地域）からの接近が、地理教育の見方・考え方を明確に強化する役割を果たしています。地誌学習としてもこれら5つのテーマは深く関わり、観光地を総合的に理解する地誌学習の重要性が判明するでしょう。

例えば伊豆半島にある観光地、熱海は、交通と商業地区の空間的相互依存関係が顕著に現れる場所であり観光による地域産業の活性化は伊豆の地誌を読み解く上でも格好のテーマといえます。伝統的に単元「県内の特色ある地域」や「気候に応じた国内のいろいろな土地の暮らし」（小学校）、「日本や世界の諸地域」（中学校）に代表される地誌の学習は、社会科地理教育の方法論としても基軸となる場面です。でも、検定教科書の記述を見る限り、これまで観光業や観光振興は数行の解説はあるものの観光を窓にした諸地域解説はありません。自然や産業、交通、文化などを項目的に記述する静態地誌よりもある特定の窓から地域をクローズアップし、他の要素を有機的に絡める動態地誌の手法により観光による地域変容や産業としての観光業を地誌の中で記述する必要があります。

例えば中学社会科地理的分野のヨーロッパ州の記述を見れば、各社検定教科書の記述は著しく観光案内文の様相が強いのです。つまり、地誌が「地域はなぜその姿でそこにあるのか」を紐解くことに対して観光教育は「多くの観光客がその地域に魅了されるのはなぜか」を理解させるため、結局地域の個性や特色の取り上げ方の違いが幾分か異なるだけで地誌も観光教育も土地への好奇心を刺激する点では同じ土壌に立脚しているからです。

❸ 修学旅行

観光教育の構想は、少なくとも観光がリーディング産業である都道府県の学校において、具体的な学習単元の開発が求められる時期に入っています。観光資源のブランディングや児童生徒のインバウンドに対する心構え接遇、相手国理解、地域理解や異文化理解能力と密接に関係しているため、益々重要になってきています。とりわけ修学旅行は観光現象理解の重要な機会とも言えるでしょう。近年、いくつかの中高等学校では修学旅行先の土地で観光客に自分の町のＰＲを試みたり、自分たちが宿泊するホテルで接客などを体験したりする試みも生まれています。県立金沢商業高校では観光コースの生徒たちが兼六園を訪れる同じ年頃の修学旅行生や外国人観光客にガイドする試みも展開されています。これらは、従来の修学旅行の範疇を超え、教育的効果をねらった試みとして注目されます。さらに修学旅行が旅行者として訪問地での歴史観光や産業観光を愉しむだけにとどまらず、例えば京都や奈良の観光地としての魅力を分析的に見たりオーバー・ツーリズム問題を現地で学んだりといった試みも模索されています。つまり集団宿泊行事としての修学旅行の位置付けではあるものの、その中味が歴史や産業学習だけにとどまらず観光現象として観光地を捉えたりＳＤＧｓ（国連持続可能な開発目標）の課題の視点で観光地のあり方を再考させたりする等の「探究的な学び」が修学旅行の場面で期待され始めています。修学旅行先の土地と日常生活している自分の町との比較や観光客の入込による混雑や来客をねらった店舗新設など、変容する土地の様子をつかむ学びは地理教育が得意としてきた方法論なのです。

4 社会科教育と観光教育の親和性

❶ 同心円拡大を再考できるカリキュラム

身近な地域から学年進行に応じて学習領域を順々に拡大させていくカリキュラム構成は同心円拡大方式と呼ばれ、これまでその適否に関する論議が社会科教育学の分野でも起きてきました。グローバル化が著しい現代では身近な地域にも外国人の姿や生活文化が入り込み情報化社会の進展に伴い同心円拡大は時代にそぐわない考え方となってきています。このため小学校低学年の教科である生活科の教科書にも外国人の姿や国際理解の内容が一部ではあるが挿入されています。観光という題材は、こうした同心円拡大を根本から打破できる魅力に富んでいます。寺本・澤編著『観光教育への招待』でも指摘したように英国のファーストレベル（小学校第I学年相当）の教科書にも紹介されているバーナビーベアのダブリンへの旅という教材に代表される近隣諸国への旅行題材は児童にとっても知的好奇心や冒険心を刺激し同時に視野の拡大や地図・景観への感受性を磨く学習経験になります。

我が国では幼い子どもによる旅行体験が題材として検定教科書に登場するケースは未だ見かけませんが、旅行という行為がもたらす学習面での効果は評価できます。子どもは本来、未知の領域への探検を楽しみにしており仮想であれ移動を伴う見知らぬ土地への探訪は学習意欲を引き出すものです。例えば、日本とつながりの深い外国への旅などの想定は、旅心や知的好奇心を募らせ社会科を好きにさせるきっかけともなるでしょう。初等段階での世界地誌の効果も再検討すべき時期に来ているのではないでしょうか。

❷ 観光業に関連するキャリア教育

観光産業が地域のリーディング産業である自治体では、そうでない地域に比べ、より戦略的な観光教育が、子ども時代から開始される必要があるとわたくしは考えています。観光産業の持続的発展を期待するなら、地元の児童生徒こそ観光の学びに積極的に臨むことが重要ではないでしょうか。観光業は農林水産業や工業、商業、公共の福祉に関係し極めて裾野が広い産業です。そのため、公教育としても公平性が担保できます。例えば、親が酪農業を営んでいる場合、単に生乳を生産するだけでなく、いかに観光客を牧場に呼びこみ、牧場民宿などへの転換を果たせるか企画力も磨けるわけです。つまりキャリア教育としても観光の仕事理解は幼い小学生時代から推進できます（例えば、観光振興と自分の将来を関連づけるキャ

表　プライマリーレベルの観光教育指導目標試案
（沖縄県八重山地域を想定して）

	ユニット１ 観光の重要性	ユニット２ 八重山の魅力	ユニット３ 観光で働く仕事	ユニット４ 観光の歴史
基本概念	観光は八重山地域に県、日本にとって重要な産業である。観光収入は教育や医療、公共事業に使われている。観光は異文化理解を進める。	観光客は余暇、仕事、医療やスポーツ目的などいろいろな理由で八重山を訪れる。自然的文化的雰囲気、住民、施設などに魅せられている。	観光は多くの仕事を提供する。観光で働く人は、観光ガイドや宿泊所で働く人だけではなく、地域の農林水産業や工業、商業を盛んにすることと関連している。	人の移動のための諸施設とサービスが観光産業を発展させた。八重山観光は１９６２年の石垣島・米原やし林遊歩道整備から始まった。
目標	観光から得られる収入がどのように使われているか、いろいろな仕事や自分たちの生活にどのように影響しているか調べる。	観光客が八重山を訪れる理由を考える。固有の魅力を感じる場所やコトを見つけ、人気の理由を説明する。	観光によってもたらされた仕事（雇用）がどれくらいあるかリストアップする。そのうち少なくとも２つについて詳しく調べる。	日本全体の観光動向を統計から知る。戦後、沖縄県や八重山地域がどのように観光を発展させてきたかを調べる。
技能	探究、統計グラフの読み取り、国際的・国内的な観光客の入込状況調査	推論、探究、疑問の書き出し、雑誌やパンフレットの写真読解、地図利用	分類、表作成、個々の仕事と観光事象の保全や振興策を線で結ぶ、口頭発表	観光開発の年表作成、八重山観光を開いた会社の社史読解、人物研究
探究課題	観光が経済的にも社会的にもどのように貢献しているかを示す写真や新聞記事を集める。教室内に観光コーナーを設け、それらを貼り出す。観光客役を演じて買い物に対する消費税を計算させる。	自分が住んでいる地域を見渡して観光客に興味があるものがあるか整理する。雑誌や新聞から観光関連の広告をコピーして中身を話し合う。八重山に観光客が来たくなるキャッチ・コピーを作ってみる。	教師が提示した観光で働く人が映っている十数枚の写真を見て、何の仕事かを答える。作業、スタッフ、監督、経営の４種に分類し観光コーナーに貼り出す。現場で働く人を招いてどのような技能を持っているか話してもらう。	観光業界の年長者へのインタビューを通して課題を整理する。古い新聞記事集め、宿泊者数や消費額の統計しらべとそのグラフ化を試みる。校外見学で港など観光で重要な意味ある場所を訪れる。

ユニット５ 観光の商品	ユニット６ 持続可能な観光
観光の商品は一連の物品とサービスから成り立っている。利便性、宿泊設備、観光資源、観光諸施設とそれらを扱うサービスが重要である。	環境にできるだけ負荷をかけずに観光開発をする。自然・文化・経済的な資源を注意深く利用する。八重山地域はＳＤＧｓの達成に向け持続可能な観光開発を推進している。
観光の商品という言葉の意味を理解する。八重山地域や沖縄県、日本国のどのような商品が観光客を惹きつけるか理解する。	持続可能な観光の構成要素を八重山地域並びに県スケールで整理し、行政・民間・地域住民がどのように協力できているか調べる。
観察、商品分類、観光客からのモニター分析、旅行記読解、翻訳、旅行商品づくり	観察、聞き取り調査、データの整理と分析、調査レポートの作成と発表、地図表現
観光ポスターや土産物の包装紙、絵葉書等を集め、教室内の観光コーナーに展示する。ＤＭＯである石垣市観光交流協会や八重山ビジターズビューローから人を招待し、観光商品が観光客誘致のためのどのように関連し合っているかを認識する。	持続可能な方法で観光開発が実施されている地域とそうでない開発が行われている地域を見学し、比較・観察・記録する。環境問題の専門家と観光業関係者（ＤＭＯ）の双方を教室に呼んで八重山観光の将来と自分たちが果たせる役割を話し合う。

リアパスポート作成上の題材として記入させる等）。

実に、先進的な条文となっています。早急に学習指導要領との検討や特色ある教育実践を石垣市の学校現場において推進してほしいものです。石垣市への訪問歴が15回に及ぶ筆者にとっても関心が強い課題であるため試みに、石垣島を含む沖縄県八重山地域を想定した観光教育の指導目標を作成してみました（右表）。あくまで試案であり当地の小学校カリキュラムに採用されているわけではありませんが、一つの目安になればと願っています。同時に6つのユニットを提示しましたが、その内容項目は他地域でも類似の教育目標として重要であり、今後他県で同様の展開を果たす上でのヒントとして頂ければ幸いです。

注）本指導目標は、小学校第4学年から第6学年を想定して寺本が作成しました。社会科を軸に「総合的な学習の時間」の単元として教科等横断的な学習を念頭におきました。条件がそろった学校においては、さらに個別のユニットを発展させ、観光ガイド体験や観光業職場体験なども含めた行動目標として設定することができます。

5 おわりに

社会科地理教育は、身近な地域から諸外国・地球的な空間まで自然と人間活動との関係や地表の様々な形態を地誌という伝統的なスタイルから描き出し、社会科歴史教育や公民教育（人権・環境教育や異文化理解教育も含む）とも相俟って公民的な資質・能力の育成に寄与してきました。社会科は、近年防災教育やGIS活用による社会の空間的な把握、ESDの推進、歴史を学ぶ意味、社会参画教育にも重要な役割を果たす教科として発展・進化を果たしてきました。観光教育は、人間の空間的な移動と消費に伴う諸活動を扱い、歴史的な遺産や絶景などの観光資源を教材とするコンテンツでもあり、同時に旅行力の育成スキルを磨きます。これまでの社会科教育が寄与してきたジャンルの中でも最も積極的に関与できる教材の宝庫です。

日本が今後、観光先進国を目指そうとするならば、確かな観光者として次世代を育成すべく観光教育を社会科教育が主導できる役目を有しています。確かな観光教育を通して、市民的資質やグローバルな意識を育み、観光市民とも呼べるシチズンシップとホスピタリティを有した国民を育成すべきではないでしょうか。

観光を取り巻く世界の動向を正しく理解し、児童生徒の世界像を形成していくためにも初等・中等段階の社会科教育が果たす役割は大きいでしょう。現実には総合的な学習（探究）の時間や外国語教育との合科的扱いにより特別単元を創作し地域の特性に応じた観光教育を早急に立ち上げる必要があります。市や県レベルにおいて観光の社会状況は大きく異なるため観光教育は今のところ、全国一律でなく観光がリーディング産業である自治体の教育政策として推進される必要があるのです。その意味で行政部署では教育委員会と観光課（観光協会や観光コンベンションビューロー等のＤＭＯも含む）との連携が重要になるでしょう。

観光はオンワード（前向き）な姿勢を学習者に抱かせる力を秘めています。観光を通して様々な業種が連携できるし観光交流によって人々の幸福感が助長されます。観光資源化や観光商品化への努力は、生きがいとやりがいを生み出す。観光客の争奪をめぐり地域間や国家間の競争は激しくなるものの結果として観光地の市民力を磨くことにもつながります。グローバルな社会において観光による社会の変容は、遮ることのできない自然の流れなのです。

注

1）「観光教育のモデル授業憲章・普及事業」報告書（平成31年3月）国土交通省観光庁観光産業課発行、ｐ37によれば、モデル校の1校である那覇市開南小学校5年生による国際通りでの外国人観光客へのインタビュー調査の感想では「この授業は楽しかったし、他の国の事も気になり始めるから、他の学校にもひろまってほしいと思った。」「インタビューをしたことで、日本人や外国人の方が沖縄で楽しみにしたいつころやどこが楽しいと思ったのかを知ることが出来たのでとても楽しく、うれしく思いました。」と極めて好意的であった。さらに指導した教諭からも「今までは教師側が『これをして下さい。あれをして下さい。』ということが多かったが、今回はこの結果を得て子どもたちが『先生予想と違ったよ』とか『ここが少なかったから、これをもっといっぱい伝えたいな』という声もあったり、子どもたちなりに『これをしたい。あれをしたい』がどんどん出てきていますので、それは学びになっていると思います。」「将来観光に携わる職業あるいは何かしら観光に関わって沖縄の産業を支えていく子どもたちが多くなると思います。」と前向きな発言が述べられた。

2）寺本潔・澤達大編著（２０１６）『観光教育への招待―社会科から地域人材育成まで―』ミネルヴァ書房、１９４ｐ（本書は観光学術学会及び日本観光研究学会より学会賞を授与された）。

3）Yang JaYeon（２０１８）：コメント：高校新設科目「地理探究」と観光教育―韓国の進路選択科目「旅行地理」との比較の観点から―。『新地理』66―3、pp．86～90。

4）ダークツーリズムに関しては次の文献が重要である。井出明（２０１７）：「彼の地を訪れる理由　ダークツーリズムとは　松本沙織ほか編著『ダークツーリズム入門―日本と世界の「負の遺産」を巡礼する旅―』風来堂、p17。井出明（２０１８）：『ダークツーリズム拡張―近代の再構築―』美術出版社、２３１ｐ。

第七章

大学生の海外旅行体験と観光で育つ能力や資質

近年、航空会社のＨＰなどで「旅いく」という用語をしばしば耳にするようになってきました。わたくしは、この用語により高い次元の意味を付与して幼い頃からの観光の学びが持つ重要性を主張したいのです。わたくしが考える「旅いく」の定義とは、「旅行に関連する様々な学びや移動を伴う実際の旅体験によって自己の価値観や視野が広がることをねらいとした教育的な行いを指し、旅行そのものが、心身の成長・発達にとってプラスの作用を及ぼすことを自己や保護者も自覚している資質形成の機会」としたいと思います。

ささやかな調査ですが、勤務大学において大学生に自己の海外への家族旅行の思い出について尋ねてみたことがあります（資料１）。

資料１　玉川大学教育学部生15名の家族旅行体験（旅の光景）で記述された「海外旅行」の印象に残っている理由（２０１１年10月調査分）

・家族でタイに旅行に行って初めて象の背中に父親と一緒に乗った時にあまりの大きさにびっくりして地面の人たちがとても小さく見えたのが感動した（男子学生）。
・家族でニューヨークに言って自由の女神を見に行った事が印象に残っています。お兄ちゃんとお姉ちゃんと船であそんだり、テロの影響で自由の女神に入れなかったのが残念だったからです（女子学生）。
・バリ島のリゾートホテルの部屋の印象（天蓋のあるベッド）がとてもよく残っています。日本にはない光景と海や部屋の美しさが忘れられません（女子学生）。

・中3の春休みに当時、父が単身赴任していたベトナムのハノイへ家族で行った。道路がバイクに乗車する人たちでいっぱいで4人乗りとかを普通にしている現場を生で見たとき（女子学生）。
・短期でオーストラリアにホームステイをしていた時に、ホストファミリーに「あなたはもう家族の一員だよ」とドライブ先の海岸で言ってくれてとても嬉しくて泣いたから（男子学生）。
・初めての海外旅行でゴールドコーストに行った。カートの大きさなど日本のスーパーマーケットと違いがたくさんありびっくりした。特にケロッグコーンフレークが大きくてびっくりした。（女子学生）。
・ケニアの草原でキャンプ。もちろん、ライオン、ハイエナ、シマウマなどがいた。生の体験、異国であったため（男子学生）。
・小学校5年生のときに行ったカナダで見たナイアガラの滝がとても印象的だった。音、景色、水しぶきがすごく怖かった覚えがある。滝の奥はアメリカ国土だったので日本ではなかなか感じることのできない国境を意識することができた（男子学生）。

これらの学生の回顧文を読めば、子ども時代に家族と共に旅行をする行為は、旅行先の体験という共同主観を共有させ、家族の絆を深めるだけでなく、見知らぬ土地への新鮮な感性を伴いつつ自然や文化、他者と関わる積極性を涵養していることが分かります。綺麗な風景を家族一緒に眺めたとか、珍しい体験（例：タイで象に乗った等）が家族のおかげでできた、おいしい料理を家族で一緒に食べたことなどが印象に残る光景として語られるのです。このことの意味は、心の中で感じる質感（クオリア：2009年の東洋大で開催された旅育シンポジウムで同大学の松園教授が言及）につながり、洞察力や生きる知恵に結びつくとされます。

また、森下晶美（東洋大）教授の報告によれば、文京区の子どもたち（カブスカウト）にハワイへの旅行を題材に授業で扱った際、内容にハワイの小学生の生活の様子の紹介を取り入れたことで「今度ハワイに行ってみたい」「他の国のことも知りたい」と子どもたちの興味を引き出すきっかけとなったと報告されています。このことは、旅先の現地の子どもの生活に関する情報が、学習者の知的好奇心を引き出し旅への興味・関心を育てたと言えます。今後は、家族海外旅行の魅力アップの一つとして、海外の家族との触れ合いを含んだアウトバウンド旅行商品の開発と海外からの家族と日本の家族とを引き合わせるインバウンド旅行商品の開発の両方を推進することが、「旅いく」の発展を促し、次世代が参画する持続的な観光の発展にも通じることとなるでしょう。

1 ふるさと学習から観光教育への発展

1例をあげましょう。下の表は、農漁村地域で発見できる資源とその観光的価値を整理したものです。つまり、観光という懐中電灯で地域を照らすことで、地域資源が観光化してくる、いわば資源を観るまなざしを獲得できるようになります。

来訪者を迎えるインバウンド観光は、いわゆる着地型観光をはじめ、今後の日本における観光振興策の最重要テーマです。観光地である当該住民の観光に関する知識や態度の育成こそ、成熟した観光地には不可欠です。観光と教育は、人間形成の観点から親和性が高く、とりわけ観光ホスピタリティ教育は、地域資源の理解促進、他者への共感的理解、環境倫理など子どもも時代から開始するに値する分野なのです。

インバウンド家族旅行客を農漁村で迎える場合、自転車や徒歩で身近な里山や里海を散策する観光ならば、地元の家族でも案内できます。海外から来日した外国人観光客は、田んぼに生えている水稲さえも知的好奇心を抱いてくれます。神社の祭りや道祖神、ちょっとした里山の平地林でさえ、興味を持ってくれるものです。漁村であれば、独特な形をした漁具や小屋、生け簀でさえ珍しいと喜んでくれます。つまり、地方に存在する日常こそがインバウンド家族にとっては非日常の観光体験になるのです。インバウンド家族が宿泊するホテルや旅館に、地元の同世代の家族が出迎えに行き、短時間の観光案内が気軽にできれば、外国から来

表　農漁村で発見できる資源とその観光的な価値（寺本作成）

地域にある資源	具体的な要素（学習材）	観光的な価値
田園・里海景観	灌漑水路、屋敷林、棚田、浜と魚付林	故郷、癒し、くつろぎ
伝統的な建造物	神社、古民家、散居村、防風石垣	レトロ、素朴さ、本物
お祭りや年中行事	収穫祭、鳥追い、どんど焼き、海神祭	受け継ぐ意識、人手
安心安全な食	郷土料理、沿岸の海の幸、特産品	食育、土・海とのつながり
農漁村の生活	有機農業、生活リズム、地場産業	健康、自然の恵みへの感謝
新しい農業・漁業	ガーデニング、ハーブ園、栽培漁業	西洋の趣味、都市交流

日された家族は日本の農漁村に、よい印象とホスピタリティを感じてくれるでしょう。もちろん、リピーターとしても期待できる家族間のつながりも期待できます。そういった家族版観光ガイドとでも呼べるしくみが都市・農漁村を問わず出来上がれば、地域もさらに活性化してくることでしょう。

2 オペレーターやサポーターとしての観光市民の育成

大都市や著名な観光地だけでなく、地方でも訪日外国人との出会いが日常化してほしいものです。航空会社による増便等により、大都市圏を中心に観光地間の移動が活発化しています。「道の駅」も千か所を超えています。旅行者として自身が観光を楽しむだけでなく、来訪者に対する「おもてなし」の姿勢を介して、自身の人生を豊かに彩る時代に入っています。

ところで、平成22年度に観光庁観光地域振興課で行われた観光地域づくり人材シンポジウムでは、観光地域づくりに必要とされる人材像の明確化が試みられました。そこでは、総合的に観光地域づくりをリードするまとめ役としリーダー、地域の観光資源を発掘して地域づくりに活用するための専門的知識を持って具体的な事業を企画・調整する人材としての企画・調整者、さらに地域を訪れる観光客に現場で接する人材としてのオペレーターの3者を設定する案が出されたのです。この内、わたくしの専門である教育学の立場で最も注目したい対象者はオペレーターです。オペレーターの役割と機能は、地域を訪れる観光客に現場で接する人材（ガイド、体験メニューインストラクター、観光案内所のスタッフなど）とされ、必要とされる知識・スキルでは、ホスピタリティ、コミュニケーション、リスクマネイジメント、地域資源のマネイジメント、語学、地域学・地元学の六つが挙げられています。わたくしは、このオペレーターと共に地域社会で観光を支えるサポーターなる人材（多くは観光に関心を持つ一般市民・観光市民）も必要ではないかと考えています。

つまり、教育学の視点から観光振興を考える上で欠かせない視点は、観光に携わる全ての方の人間形成であり、ホテル業や運輸、販売等の個別の観光業に就くための専門教育というよりも、一般市民でもあるオペレーターやサポーターが獲得しておくべき資質・能力を範疇に生涯学習としての観光教育も検討すべきと考えています。

3 イン＆アウトバウンド家族旅の推進と航空業界の支援

家族単位で子どもの卒業記念や祖父母の喜寿祝いなどの機会に、海外に旅するケースが増えています。家族の絆づくりには、ゆったりしたレジャー観光もいいのですが、もし訪問地で現地家族との観光を介したミニ交流が実現できれば、子ども自身の観光知が格段に増し、大人になる過程でもっと気軽に海外旅行を楽しむ資質が形成できます。

反対に、来日した外国人家族と観光案内を通して日本のよさを紹介する体験は、自文化を改めて認識する学びとなり、グローバル化する社会の中で日本人としてのアイデンティティを向上させるメリットもあります。少子化する日本の家族にとって外国人家族との観光を介した触れ合いは、家族としても貴重な成長の機会になるものです。航空業界が、それを橋渡しするエージェントを設立し、自社の飛行機に搭乗して頂いた家族データやアンケートによって登録された家族間交流を希望する家族群から、マッチングする外国人家族を紹介するしくみは作れないでしょうか。現代の小中学生を持つ日本の家族は、子どもを介して外国人家族と会話する機会を欲しているはずです。航空業界としても、家族旅は搭乗数の確保とリピーターへの期待から有望な市場と認識できるでしょう。

これまでの「旅いく」にみられる旅行促進は、単に日本の家族に体験的な観光を紹介するだけの機会にとどまり、物足りません。国際的な行き来を家族間で活発化させ、子ども時代からの交流新時代を切り拓くのはいかがでしょうか。

第八章

観光の教育力と教材開発による人財育成

―那覇国際高校（ＳＧＨ）での出前授業を通して―

1 高等学校における観光の教育

観光系の大学・学部・学科の新設が相次ぎ、高等学校に至っては主に商業系を軸に10数校の観光関連学科・コースの新設に至っています。その教育課程を覗いて見れば、社会科教育と深く関わる観光基礎や観光産業理解、観光地理、地元学、旅行業務、観光コミュニケーションなどの科目が設けられ、海外修学旅行や地域理解の学習などの特色ある取組みも行われてくるようになってきています。「観光教育」というジャンルを最初に提言した徳久・安村による著書においては、大学や専門学校、ホテル教育、生涯学習などの実務教育の場で教えられている観光教育の現状と課題が紹介され普通科の高校教育は触れられていません。高等学校における動向に関しても実業系高校の例が掲載されているに過ぎないのです。

実業系の観光教育科目が整備されつつあるとは言え、卒業後の観光業界への就職の保障が不安定であり、生徒が希望する職種（例えば、ホテルフロント係など）からの求人が少なく、旅行業者は大卒を採用しているなどの課題も明らかとなっています。観光に関する学習範囲は広く、実業系の高校生にどの範囲まで学習させてよいかの判断に苦慮されているようです（平成28年7月に仙台市で開催された全国高等学校観光教育研究大会における文部科学省初等中等教育局教科調査官西村修一氏（当時）の講演より）。今後、観光教育の実効性を高めるには、実業系高校だけでなく、普通科の高等学校においても何らかの取組が必要ではないでしょうか。

ところで、高校の教育課程においては地理歴史科や公民科の改編が進み、地理総合（必修）と地理探究

（選択）、歴史総合（必修）、公共（必修）などの枠が決定されています。観光内容と最も密接にかかわる地理総合や地理探究の科目において観光現象が学習内容として扱われることが考えられ、高等学校普通科において観光教育の多少の足場が構築される可能性があります。

でも、その具体的な指導目標や学習内容さらに指導法は全くと言ってよいほど開発されていません。小学校段階においてはわたくしも編集委員の一人としてかつて作製に参画した『めんそーれー観光学習教材（第12版）』（沖縄県観光コンベンションビューロー発行）があり、ツーリズムアワード２０１６において優秀賞を獲得し、一定の評価を観光業界から受けていますが、教育界では知名度は低いままです。観光立県である沖縄県や北海道においてはインバウンドの増加に伴い、観光教育が持つ訴求力が一層強まるに違いないのです。

❶ SGHと観光教育

折しも、沖縄の県立那覇国際高校においては、文部科学省のＳＧＨ（スーパー・グローバル・ハイスクール）の指定を受け、観光を研究の柱の一つにされていました。当校のＳＧＨ構想調書に書いてある研究開発の概要には、次のように記されています。「島嶼圏における持続可能で自立した成長モデルの構築を目指し、沖縄の観光・健康・環境をサブテーマに課題研究を行う。海外派遣を通して、モデル構築における諸課題を他国の生徒と共有、発表、討論を行い、アジア太平洋地域における自立したビジネスモデル構築に寄与する提案が可能なグローバルリーダーを育成する。」まさに、今日的な教育課題にダイレクトに向かう構想です。以下、筆者が試みた出前授業の報告を軸に、高校観光教育のあり方を具体的な授業レベルにまで下して検討してみたいと思います。

❷ 観光教養と観光実務

観光系の高等学校や専門学校では、地元学や観光英語などの教養系科目だけでなく、簿記会計など商業系の科目に加え、空港職員やホテルスタッフ、ツアー会社社員などの観光関連職種に応じた実務が学べます。沖縄県最大の観光専門学校インターナショナルリゾートカレッジ（KBC学園）の『スクールガイド２０１７』を参照すれば、エアポート実務や通関士基礎、パーティコーディネイト、旅行マーケティングなどの科目名が見出せます。これらは、直接観光関連業に就職するための準備学習とも言えますが、同時に実業系高等学校だけでなく、普通科の観光教育においても観光の世界に興味関心を抱かせるキャリア教育の窓口になるでしょう。キャビンアテンダントやグランドスタッフなどの空港で働く仕事は、若者の憧れの職業でありブライダル系の業務も高水準のコミュニケーションスキルやマナーの習得が要求されます。ツアープランナーは旅行先の豊富な地理歴史知識（観光教養）が必要とされます。普通科の高校生にとっても観光の学びは、諸教科で学ぶ知識や技能が実社会でどのように生きて働くのかを確かめる上で学習意欲を支える効果があります。

例えば、暗記科目のレッテルが貼られがちな歴史（世界史）の学習が生徒にとってどのような意味があるのかを考えてみましょう。生徒自身が将来ヨーロッパに旅行出かける場合に役立つ知識であったり、外資系の仕事で欧州のビジネスマンと会話したりする際の基礎教養として活きるだけでなく、ヨーロッパ諸国による植民地であった東南アジア（例えばシンガポールやベトナム）から来日した観光客の文化的背景として英国や仏国の存在を知っておくことはとても大事です。

とりわけ、観光教育が主要な教科学習と最も異なる点は、他者（観光客）の目線に立ってサービスを提供したり、その土地の資源を観光に活かす力です。実務系の学びは、専門的知識につながる職業情報ですが、そのさわりの部分は、普通科の高校生にも大いに関心を抱かせる内容です。総合的な学習の時間や特別活動の時間などを使い、観光業界の方を学校に呼んで体験実習を行ったり、専門学校が開催するオープンカレッジに参加し、モックアップ実習室（ホテルのベッドルームや機内そっくりの部屋）を見学する機会を設けていけば、観光産業への理解を深めるだけでなく、他者目線に立つことの大切さを学べるため、効果が上がることでしょう。

❸ 自文化に対する自覚の芽生え

観光業界が発展する過程において土地の自然や文化が改変されたり、損なわれたりするケースが国内外で発生しています。いわゆる観光開発と環境保全に関するテーマです。沖縄県の場合でも復帰後、現在に至るまで「本土化」と呼ばれる経済的・文化的な同質化の波は顕著で、沖縄海洋博覧会（一九七五年七月から翌年にかけて開催）以降多くの自然ビーチが消失しました。また、生活面での食の洋風化や伝統文化の継承が困難な状況も続いています。象徴的な建物では、商業施設イオン・ライカム（本島中部）の出店によりいわば本土にある巨大ショッピングセンターと同じ風景が出現し、多様な都市的サービスが提供されています。言葉も標準語化が進展し、島言葉（ウチナーグチ）が一層希薄になっています。これらは本土並みを求める県民にとって期待された文化変容であるものの、「沖縄らしさ」を求める観光客にとっては必ずしもプラスの作用とはなっていません。沖縄文化や地域社会を尊重し保護することと観光地としての魅力や価値が乖離することを避ける必要があります。そのため、観光業界と沖縄の伝統社会との協力関係を強化すること、島言葉と沖縄の歴史、文化及び価値観（例えば、めんそーれーが持つ精神文化）を保存し、例えば県産品を空港や港、土産物店等で高校生が宣伝・販売の実習を展開したり、国際通りや商店街で外国人観光客から来沖の動機をインタビューしたりする経験が次代の育成にとり大切となるでしょう。

ところで、本土から沖縄に働きに来た従業員の中には、沖縄の歴史・文化に関する知識や地理知識に欠ける者も多く、沖縄本島と八重山、南北大東島の文化がいっしょくたに扱われるケースもあります。彼らの沖縄文化に対する誤解を正す上でも、スタッフ研修として再提言の観光教育は必須です。那覇国際高校への出前授業後に綴られた感想文を末尾に掲載しましたが、その中に「沖縄の魅力を語れない自分が少し悲しい」と表現した高校生がみられました。観光教育を通して自文化を知らない自分に気付くという効果が示されたのです。

貴重な授業時間を頂いて頂き、出前授業が2授業時間実現できました。その主な内容を報告したいと思います。

❹客層（セグメント）に応じた観光を考える

アイスブレイクとしてわたくしが考案した「観光地＋動詞＝楽しみ方」という観光行動を考える課題学習を行いました。これは既に沖縄県の小学生向けにも開発した指導法であり、昭文社発行の県別地図沖縄県を6人グループに1枚配布し、沖縄県の地勢図を前に具体的な観光地をイメージさせつつ、20数枚の観光行動を示すイラストカードをヒントに動詞と合わせて観光客の楽しみ方をフレーズ（文）で案出させるものです。生徒が案出したフレーズは、「石垣島に行って青の洞窟を体験し、夜は星をみてもらう。また、石垣牛を食べてもらう。」「首里で沖縄そばを食べた後に写真を撮りながらレンタカーに乗って北谷に行き、マンゴーかき氷を食べてホテルに戻り俳句を読む。」などと言ったユニークなものもありました。さらに、前述した章でも扱った二軸の観光客が利用する旅行商品のタイプわけ（ポジショニング・マップ）も使用し、高校生らしい思考を促しました。

❺沖縄観光MＩCEプランをつくる

提案したい教材は、ＭＩＣＥプランを考える課題です。ＭＩＣＥとは、Meeting, Incentive tour, Convention, Exhibitionの略。冬でも温かい沖縄はその気候を活かし1年中、会議や催しを開催できるメリットがあります。そこで、国際的な会議を受け入れる誘致策を考えさせました。生徒に提示した設定は以下の通りです。

設定：あなたは那覇国際旅行社（仮称）ＭＩＣＥ営業担当の1年目。先日、海外のお客さんから突然、ＭＩＣＥを開催する都市を福岡市か那覇市にしようか迷っているとメールが届いた。業績をあげたいので、是非とも那覇市に誘致したいのでＭＩＣＥプロポーザルを行うことに決心した。クライアントからの条件は以下の通りである。２日目午後は、会議参加者に楽しんでもらう地元ならではのお薦めプランをつくらなければならない。

クライアントから提示された条件

・２０１７年5月20日から21日まで（2日間）参加予定１００名
・会議名「国際スポーツ振興会議２０１７（仮称） in Japan」
・予算５００万円（会議参加者は1人3万円参加費として支払い
※フライト、宿泊費別）
・海外10ケ国からの参加（中東ドバイからも）
・2日目午後は、地元のお薦めプランを堪能したい（何でも可）

高校生にとって、実に具体的な場面の想定でしたが、残念ながら話し合う途中に時間切れとなりました。解答例として下記のような解答を用意していましたが、残念ながら高校生からのアイデアを引き出す時間がありませんでした。参考までに模範解答例を掲載しましょう。

解答の1例：コンベンションの会場としては、那覇地区や西海岸の高級なホテルが必須。ムスリムの方の参加も予定されているため、食事にはハラールが施された食材が必須。２日目午後のプログラムとしては、スポーツ関係者なので２０２０東京五輪でも種目に採用された沖縄空手を体験させたい。プラス首里城や識名園見学もオプションで取り入れたい

❻観光・地域ストーリーを考える

三種目の課題は、歴史を活かした地域活性化策です。沖縄県の高校生にとって全く知識がない千葉県佐倉市の事例を題材として選んだことで既習知識の有無による差が生じないメリットがあると考えて作問しました。わたくしから提示した以下の文章を読み取り、市長になった想定で地域活性化策を考えさせることをねらいました。

問い：佐倉藩のある佐倉市は、この歴史的なエピソードを活かして、観光でまちおこしを進めています。あなたが、この市の市長さんだったら、どのような観光の施策と地域ストーリーによる観光まちづくりを行いたいですか？

読み取る文章：江戸時代後期の寛政年間、佐倉藩主となった堀田正順（ほった まさなり）は、長崎で蘭学を学んだ人物を藩医として召し抱えた。それをきっかけに、さらに時代を移した文政年間の藩主・堀田正睦（ほった まさよし）は、蘭学（とりわけ医学）を習得させるべく、藩主数名を長崎へ向かわせた。時は鎖国のただなか。西洋文化の窓は遠く長崎にのみ開かれていた時代だ。後年、新しい時代を見据えた正睦は、江戸の蘭学医・佐藤泰然を招聘（しょうへい）し、蘭医の塾と外科の診療所を兼ね備えた「順天堂」を創設した。数々の熱意ある経緯から、この地はいつしか「西の長崎、東の佐倉」と称されるほど蘭学の盛んな町として名を高めていった。

生徒からストーリーを発言させた後に以下の答えを提示し、自分たちで考え合った観光の施策と照合させてみることで現実社会への参画意識も育めようと考えましたが、これも今回は時間切れとなり生徒の考えを引き出すまでには至りませんでした。参考までに解答例を以下に示しましょう。

解答例（実際の動き）：「佐倉と蘭学の歴史を広く今の時代に知らしめたい。」昭和62年（１９８７）年に市民有志が「佐倉日蘭協会」を立ち上げた。草の根の国際交流。協会はオランダの児童をホームステイに迎え、オランダ語講座を開設し、オランダ料理講習会を開くなど、積極的な活動を続けている。また、市の音楽ホールにはオランダ製のストリートオルガン（手回し式の装飾オルガン）が3台備えられている。オランダ人技師と日本の建築家が協力し、〝博愛〟を意味する「デ・リーフデ」と命名された風車が建てられたのは、平成６（１９９４）年。このシンボルが完成したことも手伝って、地元では「日本とオランダの文化が並び立つ町」としての認識が定着している。（中略）風車の横手には印旛沼（いんばぬま）が拡がっている。デ・リーフデは単なるオブジェでなく、〝水汲み〟の動力として活用されている。オランダと同様に風車守が常駐し、風向きにあわせて羽根の台座を動かす。電動でなく、手動である。（『ＪＡＬグループ機内誌スカイワード』２０１6年9月号,pp.76～85より抜粋）

　蘭学が江戸時代盛んであった歴史的な事実から、佐倉市がそれを活かしてどのような観光まちおこしの成果をあげているかを考えさせる問いでした。ＳＧＨとしての課題研究にこのような観光で地域を活性化するための方策を生徒たちに考えさせる場面が必要ではないでしょうか。なぜならば、高校の教科が「知識のつながり」を重視するのに比べ、総合的学習は「問いのつながり」を大事に扱うからです。ある意味で、答えの見出しにくい時代に突入しつつある現代において、観光というポジティブな切り口から、地域の課題解決を考える機会は「社会に開かれた教育課程」のよい事例となるかもしれません。

2 高校生の反応

今回2時間連続の出前授業には、39人の1年生が受講してくれました。各クラス4，5名を募ったようですが、8割は女子で、この種のテーマに女子が強い関心を抱く傾向が判明しました。授業の最後に3分間で書いてもらった感想文を3例紹介しましょう。

「観光プランを考えるときに今まではテーマまでしか絞らずに考えてきたが、『誰が』『何の為に』という客層とその趣向までは考えるとプランをたてやすいと分かった。また、私は今回の授業で一番大切（基本）だなと思ったのは、もし自分が観光客だったら何をするか、という点で考えるということです。これは本当に基本だと思っていましたが、どうしてもどうやったらお金をたくさん使ってもらえるのだろうかと先に考えてしまうことが多かったので『楽しんでもらう』を大前提にプランを考えたいです。（1年女子）」

「自分や他の人が行きたくなるような観光メニューを想像したり話し合ったりするのが、旅行気分になれて楽しかったです。『観光』はこういったワクワクする気持ちが大切なんだということが分かった気がします。また、後半観光客に沖縄の魅力を知ってもらうような感動ルートとは何かと考えた時、なかなか進みませんでした。そこから、自分が沖縄の魅力をよく理解していないことが分かりました。少し悲しいことですが、これから沖縄についてたくさん学習して自信を持って人におススメできるようになりたいです。（1年女子）」

「観光のターゲットを絞って考えてみたり、ちがう土地の行ってみたいところを考えてみたり沖縄をはなれて考えてみるのは初めてで、すごく新鮮だった。観光客の層を考えてプランをつくってみるのは今まで考えたことがなく、これからもっと考えてみたいと思いました。高校でもこの授業を受けてみたいと思いました。最後の町おこしの問題はとても難しかったけど、もっと詳しく聞きたいなと思いました。（1年女子）」

これらの受講直後の作文からも観光の学びがもたらす学習の意義が明らかとなりました。冒頭から6人1班のグループワークで進行し、対話を軸にアクティブ・ラーニングを展開しましたが、改めて観光は学習に積極性をもたらす効果が高いと言えます。また、生徒たちが高校までに地元沖縄県の観光事象について、意外にもほとんど学んでこなかったかも露わになっています。沖縄県に住む高校生にこそ観光知の底上げが必要なのです。

3 観光を題材とした探究的な学び

　全国の空港には、愛称で呼ばれている空港がいくつかあります。「宮崎ブーゲンビリア空港」や「高知龍馬空港」「出雲縁結び空港」「たんちょう釧路空港」など観光イメージにつながるワードで彩られています。愛称だけでなく、空港ビル内には亜熱帯植物や、龍馬グッズ、水引やハート形、湿原の写真など愛称にちなんだスポットやデザインが目白押しです。これらは児童生徒に興味を抱かせるきっかけとなり、まだ愛称が付けられていない県の空港では児童生徒に愛称をつけようと促す指導も可能でしょう。観光教育は、そういった興味を抱く気軽な課題から入り、いかにして地域の振興に結び付けていけるかを多角的な思考を交えてアクティブ・ラーニングとして展開するのが望ましいでしょう。

　でも、観光教育が単に地元事象に関するお国自慢的な学習に陥ったり、国際理解教育や環境教育に近似の内容となったりするならば、取り立てて概念化する必要はありません。地図や観光地の景観読解、周遊ルート選定、観光地誌的知識の保有、観光客の目線に立った模擬的な旅行商品の造成、観光地の歴史的な地域ストーリーを見つめ直す企画、港や商店街に出かけて観光客と接する臨地実習、ガイド体験や販売体験、探究的で参加型の学習プログラムの構築が実現できれば、観光教育は実社会に認められることでしょう。小学校段階においては、自県の特色を観光の視点から捉え直したり、第5学年の情報の単元に観光業を支える情報の働きを扱ったり、第6学年「日本とつながりの深い外国」では、外国へ出かける想定の学びを導入できれば期待が持てます。インバウンドで来日している観光客とのかかわりを題材にしつつ、その国について学ぼうとする設定でもよいのです。中学校においても、例えば社会科単元「ヨーロッパ地域」の地誌的学びでは、気候を活かした作物や食文化をテーマに観光を窓にしつつ楽しい学習が展開できます。「日本の諸地域」でも四国地方では、ある町のゆず栽培やつま物を活かした町おこしを事例に教科書では学んでいますが、ここに観光客の視点を導入することでフードツーリズムの学習を窓に四国の地理が描き出せます。歴史的分野においても文化財や景観に歴史を読む（例えば、奈良県明日香村や岐阜県関ケ原町）をテーマに扱えば、歴史事象も観光教育に貢献できます。観光政策、とりわけ世界遺産や日本遺産を生かした地域活性化を扱えば、「観光市民」の育成に大いに関係でき公民的分野にもかかわる内容にもなります。

観光教育や観光市民づくりという新しいジャンルでは、これら地理的内容や歴史的内容、公民的内容だけで成立するのではなく、ツーリズム産業のあり方、旅行企画立案、安全管理、ホスピタリティ精神、両替や為替の知識、仕事の理解（キャリア教育）なども一部必要になり、実用的な能力を高めるには専門的な観光学を専門学校や大学の観光学部に進学し極めなくてはなりません。高校では商業科に誕生した新科目「観光ビジネス」がそれに応えることでしょう。

でも、高校数の9割を占めるのは普通科の伝統的な教科構成です。高校段階においては、小中で学んだ観光の学びをさらに「総合的な探究の時間」で伸ばしてほしいのです。「観光市民」は、確かな国土像・歴史像・世界像を有していることが不可欠だからです。観光は裾野が広く、農業との関わりでは観光農園や道の駅への出荷、ふるさと納税などの教材をも通して扱えます。工業との関わりでは、ものづくりの精神を学び技術の伝承や価値に気付かせる産業観光の視点があります。交通との関わりでは、観光ルートで使用する各種交通手段が登場します。観光客相手に英語で案内できる会話力こそ実践的です。さらに、ＳＤ

Gsについても思索をめぐらすことが可能です。

学習指導要領の中に「学びの成果として生きて働く『知識・技能』、未知の状況にも対応できる『思考力・判断力・表現力等』、学びを人生や社会に生かそうとする『学びに向かう力・人間性等』を身に付けていくためには、学びの過程において子供たちが、主体的に学ぶことの意味と自分の人生や社会の在り方を結び付けたり、多様な人々との対話を通じて考えを広げたりしていることが重要である。」という一文があります。まさに、観光の学びはこの要請に応えることができます。観光は北海道や沖縄県のリーディング産業ですが、日本全体においても既に大きなウェイトを占める産業として開花しつつあります。

これらの観光を取り巻く世界の動向を正しく理解し、児童生徒の世界像を形成していくためにも初等・中等段階の観光教育が果たす役割は大きいでしょう。現実的には、総合的な学習の時間や社会科・外国語教育との合科的扱いにより、特別単元を創作し地域の特性に応じた観光教育を立ち上げることが早急に期待されます。

観光はオンワード（前向き）な姿勢を学習者に抱かせる力を秘めています。観光を通して様々な業種が連携できるし、観光交流によって人々の幸福感が助長されます。観光資源化や観光商品化への努力は、生きがいとやりがいを生み出します。観光客の争奪をめぐり地域間や国家間の競争は激しくなるものの、結果として観光地に住む市民力（観光市民の資質）を磨くことにもつながるのです。グローバルな社会において観光による社会の変容は、遮ることのできない自然の流れなのです。

二〇二〇年の政府目標であった訪日外国人旅行者数四千万人とその消費額八兆円が、新型コロナウィルス感染症のせいで消えました。国内の観光地ではこれからと期待が集まり、空港の拡張や大型ホテルの開業ラッシュが続いてきましたが、出鼻を挫かれた格好です。インフラ整備だけでなく、コト消費まで楽しもうとする観光客に応えるために、様々なサービス向上に励んでこられた観光産業に従事する方は、大きな落胆と懸念を感じました。当面は国内旅行から先に復活すると予想されますが、インバウンドに関しては幾分の時間がかかることでしょう。この時間を活かし、観光振興を実現できる将来の担い手の育成を教育界と連携し手掛けてはいかがでしょうか。「総合的な学習（探究）の時間」は、環境や福祉、まちづくり、情報、外国語など現代的なテーマを学校や地域の特色に応じてオリジナルなカリキュラムで展開できる枠ですが、観光教育こそ、それらのテーマを総括できる特性があります。

日本の子どもたちは、意外にも日本が持つ固有の価値をつかんでいないのです。他県や外国からの旅行客が何を求めて自県に来ているのか、どんな時間を愉しみたいと思っているかを観光客目線で考えることが苦手です。「海が綺麗らしい」「珍しい食べ物や工芸品を求めて来ているかな」「お城や水族館見学、川でのカヤック体験が目的みたいだ」と漠然と知っている程度に留まり「魅力を価値にかえる気づき」が育まれていません。観光地の弱みを強みに変え、旅行客の属性に応じた旅行提案を考える機会もありません。観光教育はＳＤＧｓ（国連・持続可能な開発目標）を主体的に捉える絶好の機会にもなり得えます。外国語やプログラミング教育の題材にもぴったりです。

そうした中で北海道教育委員会が道内の全小中学校に対し、観光教育を推進する手引書（ガイドブック）を作成・配布してくれました。北海道は観光振興が道の将来を決定づけると理解しているため、単に「ふるさと理解教育」に留まらない、地域を前向きに捉える観光振興のための教育が大事だと舵を切ってくれました。翻って、沖縄県では、首里城再建や牧志公設市場の改修、本島北部や西表島の世界自然遺産登録など明るい話題が目白押しです。今後も沖縄県は観光資源に磨きをかけ、国内外から熱いまなざしを受けること間違いありません。観光振興を支えるのは「人」です。「人」を育てるのは何らかの「教育」しかありません。今こそ、観光の担い手を教育界と観光業界が手を携えて育ててほしいものです。

4 ダークツーリズム

2024年は、いわゆる3・11東日本大震災から13年目を迎えます。災害や戦争、テロなどにまつわる土地を巡る観光は、一般にダークツーリズムと呼ばれます。金沢大の井出明教授によれば「ダークツーリズムとは戦争や災害をはじめとする悲劇の記憶を巡る旅のこと。1966年にイギリスのマルコム・フォーレー教授とジョン・レノン教授によって提唱された観光の新しい概念」であるそうです。また「ダークツーリズムが極めてポストモダンな営為である」のため、おそらく災害地や負の近代化遺産、産業革命・工業化に伴う環境破壊などを扱う地理教育や歴史教育、公民教育も関与せざるを得ないことになるでしょう。これまで日本の社会科教育では、四大公害を取りあげたり、沖縄戦の悲惨さを扱ったりしてきたものの、それらを巡る観光現象そのものに関しては焦点が当てられてきませんでした。観光が「国の光を観る」ことを語源としているためどうしてもポジティブな観光資源や観光地発展を扱うことが主となり、ネガティブな記憶には目を向けない、拒否するといった姿勢が見られたのです。長崎県の軍艦島や三池炭鉱、潜伏キリシタン関連遺産群などが典型ですが、被害者たちの声に耳を傾ける観光がむしろそのことを繰り返してはならないとする教訓を学ぶ旅に昇華できれば観光教育として花開くでしょう。ちなみに、国土地理院では自然災害記念碑の地図記号を「地理院地図」に掲載し始めました。災害地を学ぶ防災教育で地形図活用がより一層重要性される時代がきています。ダークツーリズムを復興に向けたいわばホープツーリズム（福島県観光協会のＨＰで使用）に転換していく姿勢が教師に求められるでしょう。

5 ＥＳＤの視点と観光

❶「鳥羽・志摩」にふさわしい観光開発のあり方を考える

三重県のリアス海岸で有名な鳥羽・志摩エリアにＥＳＤ（持続発展教育）を研修テーマに学生たちを引率したことがあります。風光明媚な鳥羽・志摩の自然環境を保全しつつ、いかにその土地ならではの観光開発を実現するかという課題は、ＥＳＤの考え方としても重要なテーマです。地方は人口減少と経済規模の縮小に見舞われており、観光客の一層の入込に期待しています。でも、日本の里海は環境容量が小さく、多くの観光客が一度に狭い浜に降りたり、漁村の路地を大勢で歩きまわったりすれば、容易に自然や社会環境の破壊につながります。この課題意識を大事にされた地元の旅行会社「海島遊民くらぶ」（江崎貴久代表）が行っている島めぐりは、ＥＳＤフィールドワークとしての魅力に富んでいます。

都会から来訪した学生たちにとって、鳥羽や離島は、観光地であり特別感を抱く土地です。多種の海洋生物を見たり、海女や祭り、寝小屋などの習俗を見るにつけ非日常感を抱き観光気分も味わえます。でも、研修旅行が終わり都会に戻った時点で伊勢・志摩エリアが特別視されかねません。そうならないためにも、都会においても共通の課題が横たわっていることに気付かせる必要があります。極論すれば、東京都新宿区においても一定の野生動物が生息している事実や古来より栽培されている江戸野菜があること、神楽坂などの料亭文化の存在などをクローズアップし、鳥羽・志摩エリアと基本的には共通する資源が横たわっていることに気付かせる必要があるのです。都会に住む若者への観光教育を考える上での参考にして頂ければ幸いです。

❷ ありのままの暮らしから、観光の魅力を考える

三重県鳥羽市には、答志島、菅島、神島、坂手島の四つの有人離島があります。特急も停車する近鉄鳥羽駅から数十分以内でそれらの離島に達することができ、意外にアクセスが良好な離島と言えます。島々には、狭い路地をバイクや「じんじろ車」が行き交い、洗濯機や洗濯物、洗い場も家屋の外にはみ出している暮らしが見えます。プライベートな暮らしが、パブリックな路地にせり出しており、鍵もかけられていない。集落全体の島の暮らしそのものが、観光資源としての魅力を有していて生業である漁業との接点が旅人である者にも容易に見出せます。日本の海女の半分がこのエリアで営んでおり、独特な文化を醸し出しています。海と向き合うこのエリアの暮らし方そのものが、来訪者の心の癒しにつながっています。市場を訪問すれば、新鮮な魚のセリに出会うこともできます。

一方で、観光業の観点から捉えれば、資源管理のために漁期を制限する漁業のしくみは、魅力を減じる要素でもあります。観光客は、いつでも新鮮な伊勢えびやワカメが獲れると思いこんでいます。これからの観光は、ありのままの暮らしを維持できている背景を観光客も理解し、観光のあり方を地元民と共通の土俵の上で考え、愉しむ姿勢が求められるでしょう。参加型観光と言い換えてもいいでしょう。漁業の収入の元になる水産資源そのものが、持続可能な資源であり続けるために観光業の中に持続性を基軸にした取組が一層必要となってきています。それを体得するためにも離島への観光は今後再び注目される必要があるでしょう。

研修でお世話になった「海島遊民くらぶ」を率いる江崎貴久氏が著した「海女の町の観光―女将とガイドを通して―」『女性が拓くいのちのふるさと　海と生きる未来』昭和堂、２０１７年発行の中に次の一節があります。「これまでは観光が漁業に協力すると言うと、観光が漁業を活用するような形になっていました。村文化や漁業体験のプログラムをつくるといった、観光目的のもので、観光への効果は高いけれど、漁業者の負担が大きい割りに漁業そのものに得られる効果が低いものでした。今回は、資源が枯渇していることに対して、どうすれば資源が増えるのかとか、漁業者の若い人たちが減って行きうことに対してどうしたら後継者が生まれるのかということを、観光が一緒になって考える、一緒にアプローチする、より戦略的に進める事業となっています。（中略）観光と漁業にも、トレードオフの関係がないわけではなく、今までは理解し合わないところがあったのですが、それは別々の課題を抱えたまま向き合っているから起ることであり、ともに一つの課題に向き合えば、目的のための最適な選択となりえます。」（同書、ｐ１１９～１２０）

この指摘は、自然や文化を資源として活用する観光にとって重要であり、資源管理や資源再生を共通課題として漁業も観光も共に目的意識に掲げる必要性を示しています。

ＥＳＤの視点に立った学生向け研修プログラムの開発にあたり、三重県鳥羽市エリアは、東京・大阪圏からの適度な距離感も相俟って観光の魅力に富んでいるエリアでもあります。学生たちは、非日常感を抱きつつ、離島の暮らしを丸ごと理解できるメリットがあります。都会と異なり、自然と密接に暮らす島人たちと出会うことで、「生きる」といった根本の営みを意識できるようになります。ＥＳＤは、ホリスティックな概念であり、自然界と人間界との対峙というよりも自然の中に取り込まれる人間の暮らしを意識させる思考法に近いため、ある意味で日本人の宗教観や思想性につながる側面があるのです。観光を通してそんな気づきももたらしたいものです。

第九章

世界自然遺産・知床の持続可能な観光を考え合う学び

―北海道知床ウトロ義務教育学校での出前授業をもとにして―

1 地域の地理的概要と観光

北海道知床地区は、生物多様性が感じられる自然豊かなエリアとして有名です。行政地区としては斜里町と羅臼町にまたがる半島で、北端の知床岬から南に伸びる半島の付け根に位置する斜里町役場までの距離はおよそ71・４㎞あります。また、半島の東側に位置する羅臼町役場までの基部の幅（東西距離）は25㎞であり、知床半島は羅臼岳（標高１６６１ｍ）を中心にオホーツク海に鋭く突き出た地形となっています。積雪量は多くないのですが、冬の寒さは厳しく地形の制約もあり開発の手が及びにくかったため、豊かな自然が残ってきたのです。斜里町の人口は、１０８３８人（令和五年八月末）であり、羅臼町は４３２４人（同月末）です。斜里町ウトロ地区は、知床観光の中心地であり、夏場に多くの観光客が手つかずの自然を求めて訪れています。ヒグマやキタキツネ、エゾシカ、オジロワシ、シマフクロウなどの野生動物にも出会え、知床五湖やフレベの滝を中心にトドマツやエゾマツなどの原生林も広がり豊かな植生と美しい景観に魅せられた年間30万人の観光客が当地を訪れています（知床国立公園１９６４年指定、世界自然遺産２００５年登録）。夏場だけでなく冬期には流氷観光も楽しめ、また温泉も湧き出ることから、遊覧船や漁船の出入りする港や道の駅、バスターミナルも整備されています。宿泊施設としても中小のホテルや民宿から大型ホテルまで林立しています。

旅行代理店店頭にある知床旅行パンフレット（エースＪＴＢ、２０２０年6月1日～10月29日発）「エンジョイ知床」を開いてみると「美しい自然と野生動物の宝庫として名高い知床は、世界自然遺産に登録されて約15年。大自然の絶景が楽しめる人気エリア。トレッキング・ガイドツアーなどの自然アクティビティや野生動物に出会えるクルージング、近郊の歴史や文化が学べる博物館など〝知床をじっくりたっぷり〟満喫する旅にでかけよう！」とリード文で解説されていました。広域MAPには「知床の約束」と題し「野生動物を見かけた時、美しい農村景観を見かけた時の約束です。知床の自然を守るため、約束は守りましょう。●畑や牧草地には入らない。●決められた駐車場に車を停める。●ヒグマや野生動物にえさを与えない。」も記され、自然保護への啓発がなされています。旅行パンフレットには14コースに及ぶ知床ガイドツアー・アクティビティも掲載され、「知床五湖ガイドツアー」や「絶景！知床けもの道ガイドウォーク」「知床断崖シーカヤック」「知床ナイトサファリ」など豊かな自然を満喫できる旅行商品が生み出されています。

世界自然遺産登録後は多くのマイカーや団体観光バスがこの地区に入り込み、マイカーによる知床五湖地区への入込客は夏場だけでも5万人と推察されています。

最大の懸念される点は、観光客のヒグマへの接近による危険です。マイカーやバイクを止めてヒグマを撮影し、餌やりや食品、包装ごみの廃棄によるヒグマへの影響が問題となっています。ヒグマや鹿、キタキツネなどの野生動物が至近距離で撮影できる地点では、渋滞も生じるようになっています。こうした観光客との間で生じる環境負荷は無視できない事態になってきており、シャトルバスの利用（現時点では10月に10日間実施）促進をはじめ、入込自体の制限や許可制による個人客の指定ゾーンへの立入、マイカー規制などの制約をいかに設けるかが議論されています。

一方で観光客増加により、宿泊費やレンタカー使用、各種消費金額の増加は収益増をもたらし、多くの雇用を地元に生み出しているのも事実です。知床五湖エリアへの入口に位置するウトロ地区には、宿泊施設やレストラン、土産店、ガソリンスタンド、レンタカー会社、コンビニ、道の駅、世界遺産センターなどが立地し、生活に便利な都市的施設に恵まれています。教育施設として地元に高校はないものの、小中学校が合同の校舎で義務教育学校として運営されています。

2 ＥＳＤに立脚する観光教育

本稿は、世界自然遺産地区で有名な知床に生活する児童生徒が、持続可能な開発のための教育（ＥＳＤ）を題材に、観光や開発を絡めてどのような学習を行っているかを実地で調べ、さらに観光教育の専門家として筆者自身による出前授業や教員向け協議会を学校に受け入れて頂き、教育実践を通して一定の貢献を果たした結果を報告するものです。寺本（２０１９）で報告したようにＥＳＤについては、ようやくその用語の意味が一般に理解されるようになったものの、教育界での授業実践の広がりや深まりは未だ十分とは言えない現状です。英語やプログラミング教育、特別の教科・道徳、国語と算数（数学）の基礎学力向上の要請に比べ、優先順位が依然として低い点が、ＥＳＤが遅々として進まない背景の一因です。さらに、ＳＤＧｓ（持続可能な開発目標）という用語への移行も進みつつあり、ＥＳＤとＳＤＧｓの関係性さえ曖昧な認識の教員がいるのも事実です。観光教育というジャンルに至っては寺本・澤（２０１６）や内川・佐藤（２０１９、２０２０）、寺本（２０１９、２０２０）などの社会科からの研究視点を始め、観光庁制作動画「観光教育ノススメ」が啓発のために貢献していますが、未だ観光教育が教育界で認知されたと呼べるような状況には至っていません。むしろ、2020年から続いたコロナ禍の影響も相俟って、観光というワードが「自粛」というワードに絡め取られ、いわば悪者扱いされ教育界の話題にのぼることすら無くなってしまったのも事実です。

一方、人口減少や高齢化、地域産業の衰退が続く地方にあって、観光振興は地域に活力と誇りを取り戻す起死回生の方策として期待され、「持続可能な社会の創り手」としても観光市民を育成する重要性は増しているのではないでしょうか。目下、日本各地では地域資源に目を向け、都会との交流人口増をねらった各種イベントやＤＭＯ（観光協会が再編成された組織）が構築され、地元と観光客との関係性を強化する動きがあります。

ＥＳＤに立脚する観光教育は同時に「ふるさと教育」や「キャリア教育」にも関連し、魅力的なコンテンツを有する観光情報はＩＣＴ活用とも親和性があります。中学や高等学校に至ってはＳＤＧｓな思考も絡めつつ、地域資源を活かした観光商品の企画立案や観光ガイド養成、ホスピタリティ精神の涵養などを目途に「総合的な学習（探究）の時間」の恰好の題材として観光事象が選ばれるケースが見られています。

3 知床財団（知床自然センター）による教育貢献

知床五湖地区で来訪者に向けて広報活動を行っている団体が、知床財団（知床自然センター内）です。当財団から発行されている『ANNUAL REPORT 2019』によれば、財団は地元、斜里町や羅臼町、北海道、国（環境省・林野庁）、民間からの事業委託金や寄附金、会費、などからなる公的な資金で運営されており、2019年度の経常収益は3億5908万円となっています。森林再生やヒグマの生息実態調査、エゾシカ個体数調査などが主な委託事業です。民間法人からの寄附ではダイキン工業（株）からの500万円の寄附が最大で決してゆとりある財政状況ではないことが分かります。賛助会員の総会員数も1879件にとどまっており、さらなる拡大が期待されます。年間では様々な活動が行われていますが、この内、児童生徒学生等を対象にした環境教育に関しては次のような活動が注目されます。

地元学校でのクマ授業（5月）、知床自然教室（8月）、北海道大学獣医学部・酪農学園大学実習受け入れ（9月）、しれとこ産業まつりイベント出展（9月）、森づくりワークキャンプ（11月）、知床流氷フェスでナイトウォーク実施（2月）この内、5月に実施されている地元学校というのが、知床ウトロ義務教育学校における出前講座です。動画資料を拝見しましたが、ウトロ義務教育学校に財団職員が出向いてヒグマやそのほかの野生動物のぬいぐるみを活用した野生動物と人間活動との関係性を問いかける授業や知床の自然環境保全と観光客増加による諸問題などの解説を行っているようです。8月に実施されている「知床自然教室」は、児童が親元を離れて1週間もの間ヒグマの暮らす森で寝泊まりする事業で、地元だけに限らず、全国から参加者が集まるユニークな事業です。既に40回目を迎え、子ども時代にこの教室に参加した者が財団で働くきっかけをつくった事例もあるそうです。

さらに、京都生まれの「あかし　のぶこ」というペンネームで知床に魅せられた女性が描いた絵本『しれとこのきょうだいヒグマ　ヌプとカナのおはなし』は、観光客が持ち込んだお菓子の味を覚えたヒグマが人里に出没し、射殺されるという悲しい結末となっており、ＥＳＤに立脚した観光教育としても優れた教材として注目されます。また、自然センター内の展示物でもヒグマとの付き合い方を丁寧に解説したパネルもありました。

4 斜里町知床ウトロ義務教育学校における知床学習カリキュラム

❶ 総合的な学習（探究）の時間と課題の設定

コロナ禍の拡大と共に文部科学省では、「生活科・総合的な学習（探究）の時間の指導におけるＩＣＴの活用について」を発表し、時間と空間を超えた新たな学びとして、オンラインの活用を打ち出しています。地域の課題に接近する「総合的な学習（探究）の時間」（以下、総合学習と略記）の展開にとって対面での授業場面に制約を設けることは、学習効果の点で懸念されるものの、工夫次第ではある程度の成果をあげることが可能です。

総合学習は、一般に、**課題の設定**（実社会の問題状況や児童の興味・関心に基づく課題等の設定など）**⬇情報の収集**（文献検索、ネット検索、インタビュー、アンケート等で収集など）**⬇整理・分析**（統計による分析、思考ツール等で分析など）**⬇まとめ・表現**（プレゼンテーション、ポスターセッション、提言、論文作成等で発信など）という流れで指導することとなっていますが、その課題の設定について知床地区ではどのような工夫がみられるでしょうか。

文科省・国立教育政策研究所から公表されている例示を参照すれば、探究の高度化と題し、「課題の設定」では例示として「ネットの動画などから国内外の課題を設定、デジタルカメラ等で記録した地域の学習対象の画像や動画から課題を設定、集めて蓄えた情報を見つめることで課題を設定するなどが考えられる。その際、人や社会、自然に直接関わる活動を充実させて子供の興味・関心を喚起し、リアルな体験とバーチャルな活動とを融合しながら学習を構成していく。このような学びがSteam、ＳＤＧｓ、地域活性化など、現代的な課題の設定と結びつく。」と記されています。

つまり、ネットやデジタルカメラで記録した地域課題の画像情報を課題設定の導入で使用することが推賞されているのです。知床地区の地域課題に関してはどのような題材が選ばれているのでしょうか。

❷知床ウトロ義務教育学校における総合学習のカリキュラム

当校では、ホームページにも紹介されていますが、9年間に及ぶ知床学習カリキュラムが公開されています。このカリキュラムの特色は、一人の総合学習担当の教諭によって原案が構想され、実施されている点に大きな特色があります。各学年の児童生徒数が数名から10名前後であるため、フレキシビリティに運営できる利点もあり、一人の総合学習担当教諭の裁量が大きい点が利点と言えるでしょう。

当校のホームページの表は当校の総合学習（知床学習）のカリキュラムです。この表から分かることは、必ず地元にある各種施設（図書館、ホテル、孵化場、自然センター）や自然体験の場所（チャシコツ海岸、岬上遺跡）、在住外国人、町議会などのリアルな訪問先を組み込んでいる点にあります。単に、学年ごとに設定したテーマを机上で学ぶだけでなく、積極的に訪問や調査、観察を展開している点が評価できます。教科との関連もしっかりと押さえられ、場当たり的な学習単元は組まれていません。また、七学年以上にはSDGsが重要な探究テーマとして据えられ、世界の環境問題という視野から、知床で暮らす自分たちの生き方に迫る内容となっています。八・九学年の目標も「世界自然遺産や将来への展望などについて探究する学習を通して、社会や自然との関わりにおいて自らの生活や行動を考えるために資質・能力を育成する。」とされ明確化されています。当学校の廊下には、知床学習の内容を伝える掲示資料がたくさん貼ってありました。それによると学級規模が少人数であるメリットを最大限に生かし積極的にウトロ地区へ出かけ、地域課題に関するリアルな場面との出会わせや、画像情報を蓄積し、自然や社会事象との直接的な体験から学ぶという経験学習が展開されていることが伝わってきます。一人一人の考えを伝え合う場面や、考えを深めていく指導を丁寧に施す教育が行われている点が注目されます。

5 著者による出前授業の概要

第六学年児童（10名）に対して二〇二〇年十一月に寺本による二時間の出前授業を公開授業研究会の形で行いました。知床地区の観光資源に関する知識の整理（観光の花びら）と「観光地名＋動詞＝楽しみ方」という観光客目線に立って観光プログラムを立案する学習を1コマ実施し、その後で知床地区の観光の強みと弱み、機会と怖れの四項目をＳＷＯＴ分析の思考ツールで整理する考え合う授業を1コマ行いました。授業記録を詳細に掲載する紙面のゆとりがないので、前半は授業の概略を、後半はＳＷＯＴ分析の発表シーンの発言記録を掲載します。

❶ 観光の花びら

地域の観光資源を分類する方法はいくつかありますが、わたくしは6つの分類指標を「花びら」というネーミングで取りまとめるようにしています。その6つとは、「自然」「食」「歴史」「生活文化」「施設」「イベント・祭り」の6つです。知床ウトロ義務教育学校6年児童の口からは、知床五湖、鮭、アイヌ、流氷ウォーク、サケテラス（港に建設されているサケの水揚げを見下ろせる屋根型の広場）、夕日が見えること、きたこぶし、クリオネ、波しぶきのラーメンなどが飛び出してきたものの、生活文化やイベントに関しては客観視しづらかったようです。一般に、当該地域に住む人々は、他と比べて自分の町がどういった点で固有の価値があるのかを掴んでいない場合があります。日常目にしているものが、他者目線で見ると価値ある者である点になかなか気づかないものです。そこに、観光教育の意義があります。

❷ SWOT分析

SWOT分析とは経営学でしばしば使われる視点で経営主体の強みと弱み、機会（チャンス）と怖れ（心配）の観点から点検する方法です。これを観光地経営に当てはめて当該地域に住む児童生徒に考えてもらう視点として提示しました。一般に、「強み」に関しては観光地に住む児童は、すぐに回答できます。世界自然遺産地区の価値については繰り返し大人たちから伝えられてきているからです。しかし、「弱み」に関しては、我が子に知らせたくない、否定的な側面や観光地としての弱点なので曖昧にしておきたいとの意思が地域に見られることが多いものです。また、「機会（チャンス）」に関しては、時代的な要請やトレンド、話題性などタイムリーな要素が多いため、社会の情報に敏感でない児童の場合には思いつかない問いかもしれません。さらに「怖れ（心配）」は、人里へのヒグマの出没や観光客と野生動物との接点、交通事故などはすぐに思いつくが、観光地間の競合や観光入込客の動向などへの予測はなかなかできません。でも、今後の観光教育の進展を考える上で、単にお国自慢的な「強み」意識の上塗りに終始しても思考力は高まらないでしょう。小学校児童にとっては発達段階から安易に地域の「強み」や「よさ」を強調するだけの学習は却って、中学高校に上がった後に、現実的な課題の大きさに愕然としがちになるからです。

例えば、当校の児童の中には大型ホテル・旅館の御子息が通っている場合も多く、新型コロナ拡大によるホテルや旅館の経営難や大型化したゆえのランニングコストの増大による経営の悪化、そして近年起こってしまった観光船の事故等現実的な課題に関して等閑視せざるを得ない現実もあります。これらは観光地にある宿泊業の多くが抱えている問題でもあり、持続可能な観光を考え合う上での学習問題としても今後の検討を要する課題です。つまり、持続可能な観光教育は、単に自然保護だけに特化した内容を学ぶ環境教育でなく、いかに観光地としての持続的な経営を遂行し、自然環境の保持はもとより、当該地域の観光価値を高め、多くの訪問者が観光を通してＳＤＧｓを自分に引き寄せて観光事象に参加・参画していく観光市民としての資質・能力を養っていけるかが問われているわけです。

❸ 授業記録

この授業記録は筆者の出前授業参観のために同行された日本女子大学の田部俊充教授が録画記録をとり、それを指導学生である稲垣朋香さんにテープ起こししてもらったデータから採録したものです。一時間目は「観光の花びら」という6つの視点で知床の魅力を書き出す作業と後半は、二人一組になって旅行者のタイプ（熟年夫婦やハネムーン客、女子大生、ファミリー客などの6種）ごとに、どのような旅行商品が適しているかを二軸の紙面に配置するポジショニング・マップ作業を愉しんでもらいました。二時間目は知床観光を経営的な視点から点検するＳＷＯＴ分析を実施しました。合計二コマの授業記録は長文に亘るため、二時間目のＳＷＯＴ分析を扱った場面のみを紹介します。

資料1　第六学年　観光授業（2020年11月4日5限）発言記録

於、知床ウトロ義務教育学校6年学級（児童数10名）　授業者　寺本潔

発言　T：授業者　C：児童

T：知床の観光をSWOTで分析しよう。6年生の11月の段階だから、考える力は身についているよね。だから、出来るはずです。SWOTというのは、大人の会社経営している人とか、大学で経営学部の人が時々考える方法です。SWOTのSはStrengthといって、「強み」という意味です。知床の観光の強みは何と言ってもこれだよっていうのを、白いポストイットに横書きして下さい。ほかにない「強み」はこれじゃないかなっていうのを考え付いたら書いて下さい。

一方、知床観光面での「弱み」。ウィークネス（Weakness）のWには、「ここが弱いんだよね知床観光は…」、と思うものを書いて下さい。おじさんはウトロに来たのは二度目ですが、以前来た時は8月の下旬でした。季節が違うとこんなに違うのかと思いました。「弱み」と関係があるかもしれないね。三つ目は、知床を取り巻く機会（チャンス）でOpportunityのOっていいます。これは知床の観光を盛り上げるチャンスかもしれないことを考えてほしいです。知床は2005年にある登録を受けたんだよね。世界に自慢できるものを。それ以降も色々なチャンスがあるかもしれない。そんなアイデアを書いてみて下さい。最後のTは、知床観光の心配や怖れがThreat（脅威）という英語で頭文字をとってTといいます。新型コロナ感染症も確かに心配だよね。ウトロの温泉街にクラスターが発生したらどうしようっていう心配もあるよね。それ以外の心配も書いていいです。最低でも、ポストイット

に一人一枚ずつ、４つの観点を考え付いてくれたら嬉しいです。二人で相談しながら書いてみてもいいですよ。

(10分後)

T：それでは発表して下さい。スタート!

C：強みは、流氷があること。流氷の上を歩けるのは魅力だと思う。

C：野生の熊がいる。ホテルもたくさんある。ホテルから必ず海が見えるのも強みかな。

C：絶滅危惧種もたくさんいるよね。

C：釣りができるところが多い。どこでもできるよね。

T：今度、ホテルがまたできるんだって?

C：あそこにあまり作ってほしくないなあ。

T：どうして?

C：自然が破壊される。

C：ほかの心配ごとはゴミを海の動物が食べてしまうことです。

C：観光面での「強み」は野生の熊に会えること。鮭が日本一獲れる。観光面での「弱み」は子どもが楽しめるところが少ない。天気に左右される。知床を取り巻く機会は、テレビ取材してくれることがチャンスかな。コロナが流行って国内旅行の方が増えているから。心配や怖れは、熊が街にやってこないかということと、観光客が減ること。

T：次の発表者どうぞ。

C：知床観光の「強み」は世界にない流氷を楽しめることと鮭が多く獲れること。「弱み」は歩道の整備ができていないことと、お店や病院が少ないこと、歩いたら楽しめるけど、遊んで楽しめるとこが少ない。知床を取り巻く機会は、テレビでの放送と動物との触れ合い。心配や怖れは、動物から人への感染。原生林が減ることとごみのポイ捨てです。

T：次の発表者どうぞ。

C：知床観光での「強み」は自然や他の所ではあまり見ることができない動物が見れること。「弱み」は子どもが楽しめるようなテーマパークがないこと。知床を取り巻く機会は、新鮮な魚やお店を求めて観光客が増えること。都会では森林伐採が増えているから、今まで以上に森林を求めて来る人が増える。心配や怖れは、観光客がゴミを捨ててそれを動物が食べてしまうこと。鮭の漁獲量が減ってしまい、知名度が低くなってしまうかもしれないことです。

T：有難う。では次の発表者どうぞ。

C：知床観光面での「強み」は自然を自分で探すことが出来ること。絶滅危惧種のシマフクロウや本州にはいないヒグマがいること。「弱み」は建築物や人口が少なく賑わいがないこと。天候に左右されることです。

T：次の発表お願いします。

C：知床観光の「強み」は四季がはっきりしていることとホテルから海、夕日や木が見れること。釣りが出来る場所が多いことです。「弱み」は建物を建てるほど自然を壊す原因になることです。機会は知床世界自然遺産登録15年経った今とGO　TOトラベルの今です。心配や怖れは、動物が減ってしまうことと地球温暖化です。

T：漁獲量が減ってしまっているんですか？

C：温暖化で海のプランクトンが増えすぎたり、気温が高くなると流氷が減ってきたりするから。

T：担任の渡辺先生から御感想をお願いします。

（担任）：温暖化とかいろいろなことを知っていることがびっくりしました。自分の思っていることを表すことが出来ること、自分の持っている知識を使いながらやっていることが素晴らしいなって思います。90点です。

（斜里高校教諭）：皆さんは小学6年生ですよね。自分の住んでいるところをしっかりと見て感じているんだなっていうのを授業を見て感じました。私は、観光客に自分の地域をおススメするには、自分たちの住んでいる町を良く知っておくことが大切だなと思っていて、高校生にその視点をベースに於いて授業をしています。ただ、高校生でも君たちみたいに自分の町を分析して、何が課題何だろう、何がよいところ何だろうってなかなか言えないです。

T：たくさん人が観光で知床に来ていていろいろな問題が起きていますが、それを未然に防ぎながら、ある程度は人が来てくれないとお仕事が生まれません。観光のお仕事が皆さんの将来就くお仕事になるかもしれない。お仕事が少なくなると札幌市に若い人がどんどん出ていくんですね。これは少し問題です。素晴らしい知床をよく理解して、少しでも地元を盛り上げていって下さいね。

「新しい知床観光をＰＲするフレーズを考えよう」と題し、最後に各人一行で表現してもらいました。以下に、示しましょう。

「自然センターのスクリーンで知床の季節を味わおう」「オロンコ岩で二百段弱上り切ると絶景がまっている」「天に続く道のてっぺんで見る海、木、夕日」「カムイワッカの滝でぬくもるもよし、上からながめを見るもよし」「ドライブで森にひそむ野鳥探し」「知床の温泉　海と夕日でリラックス」「流氷ウォークで犬になる」「知床とで船に乗って望遠レンズで熊にあいさつ」「乙女の裏で一人悲しむ男の涙」「波飛沫の今月のラーメンを食べることができます」子どもなりに工夫したフレーズが綴られました。

4 多角的な思考を促す観光学習と世界自然遺産学習

国立公園や世界自然遺産を有する地区に住む児童生徒にとって、自然環境は貴重なものであると教えられているため、ともすれば最初から保全を前提にした思考にとどまりがちになります。そのため、一切の開発行為や観光振興策を全否定する狭い見方・考え方にとらわれる懸念も生じがちです。国立公園法によって確かに開発には強い規制がかけられてはいるものの、開発と保全の関係性を思考する学習機会を失ってはなりません。むしろ、国立公園に指定された経緯や世界自然遺産に登録された要件をしっかりと学び、長い歴史の中で先人がいかに努力して環境を保全してきたのかを具体的に学ぶ機会にすべきです。

例えば、鹿児島県屋久島は世界自然遺産地区として有名ですが、屋久島の森林伐採の歴史を調べてみると、開発と保全のせめぎ合いでいかに先人や地域が模索してきたかを知ることが出来ます。決して、屋久島は世界自然遺産登録以前より縄文杉だけが生えた原生林の秘峡ではなかったことを知ることは大事です。

知床半島の場合も斜里町の「しれとこ100平方メートル運動」（1977年に知床国立公園内の開拓跡地を乱開発から守るため、全国に土地買い取りを呼びかけ、1997年には参加者49024人、寄付金額5億2253万円を達成し、現在は森を育てるトラストとして運用中）を学習材としても振り返ることが重要です。さらに、NHKで放映された半島の中部にあるルシャと呼ばれる地区にある小屋（ウトロ港と知床岬の中間に位置するヒグマの聖地・ルシャ湾にある漁場）での人とヒグマの関係を事例に野生動物との付き合い方を考え合うことも環境教育として有効です。

実際、ウトロ地区から五〇キロメートル南下した斜里町中心部にある斜里中学校では、知床巡検と称した一年生向けの現地見学会を五月に実施しているようです（教員並びに博物館やネイチャーガイド数名も同行）。遊覧船を使いウトロ港～カシュニの滝までの間の観察とルシャ地区でのヒグマを観察しているようです。

斜里町教育委員会に報告された巡検記録によると「ルシャ地区に入ると、浜を走る多ン族のヒグマが1頭と少し離れてもう1頭のヒグマが観察された。いずれも雌成獣クラスの大きさで、浜を走っていた個体が岩の上に上ると生徒から歓声があがった。（中略）また、テッパンベッ川右岸に親子のヒグマが1組おり、おそらく1歳の子供を連れていた。どの個体も草木などを採食しているようで、船内ではこの時期のヒグマの食べ物などについての解説がなされた。（中略）ヒグマは6頭と昨年より多く観察できた。一方で野鳥の個体数が例ネイより少なく感じられ、特にウトウが見られなかった。乗船したガイドから世界自然遺産として評価された知床の生態系や野生動物たちの解説をしっかりと聞いており、理解が深まったものと思われる。」と報告されています。このようにウトロ地区に住んでいない生徒にとっても一定の知床学習が行政機関により実施されている点は高く評価できます。

さらに、ウトロ地区で顕著にみられるホテル建設や観光施設の事例をもとに、観光振興による地域経済と貴重な自然環境の保全との両立や人里に出没する野生動物との付き合い方、アイヌの古代集落跡から自然の中で生活することの意味を再考する学びなど世界自然遺産地区に相応しい学びは多くあるものです。近年、重要視されるＳＤＧｓを題材にした教育についてもエネルギー使用（開発目標7）、つくる責任つかう責任（開発目標12）や海や陸の豊かさ（開発目標14・15）、パートナーシップ（開発目標17）などを考える題材が典型事例として見出せるのも世界自然遺産地区ならではの特色になるでしょう。「観光市民」の資質として期待したいものです。

あとがき

「観光市民のつくり方」とやや気負った書名で本書を執筆しましたが、観光動向に関心を抱き、積極的に地域振興に関与していきたいと願う方々は、「観光市民」と呼ぶに相応しい方々です。市民的資質（シチズンシップ）に含まれる概念として今後の観光地経営や地域活性化を担う次世代に意識してもらいたいと願っています。近年、中山間地や離島の人口減少が想定以上に急速に進んでいます。早急に都市部や外国からそれらの地に訪問・滞在する人の流れを生み出さなくては経済的・文化的な側面から集落維持そのものも厳しいのは明白です。国内観光の活性化はもとより、インバウンド（訪日客）に期待をすれば、民泊施設の整備と共に最低限、簡単な英語が話せる人材が地方にも必要です。言葉だけでなくハラール（イスラム教）やカシュルート（ユダヤ教）と呼ばれる食習慣も理解できる人がいることが望ましいです。ダイバーシティ（価値多様性）の時代に突入しているため、単にこれまで通りの「おもてなし」態度だけでは訪日客は満足しないでしょう。中国・韓国人女性観光客の増加やシニア化、個人旅行化も進んでいます。

また、迎える側の海外旅行経験も質の高いサービスや施設の水準維持には重要です。でも、地方によっては10人に1人しかパスポートを保持していない実態もあります。海外からの客を本気で地方に受け入れたいのなら、地方に住む方も時には外旅行を楽しむといったツーウェイのツーリズム（アウトバウンドとインバウンド）が大切ではないでしょうか。さらに、特定の旅館やホテルに客を囲いこむのでなく、泊食分離（1泊2食でなく素泊まりや朝食のみで宿泊）を進め、街に出かけて夕食を楽しみ、周辺の小さな観光地にもう一泊したくなるような旅行スタイルがもっと普及されなくてはなりません。中心となる観光地とその周辺に衛星のように小規模な魅力的な観光地が取り巻く、いわば「ハブ」（車輪とその中心部）のような形を保ち、地域一体で観光振興が果たせるようになることが望まれます。

観光から生み出される収益は、いまや世界ＧＤＰ総額の10パーセントを占めるまでに成長しています。日本が今後観光先進国として成長するためにも世界水準の観光地に発展する必要があるのです。そのためにも観光事象を肯定的に捉え人生を豊かに生きる観光市民づくりを担う教育（観光教育）が始動してほしいものです。本書執筆に当たり個人的には以下の皆様に有益な示唆や助言を頂戴しました。末筆ながら、記して御礼申し上げます（敬称略）。

宍戸学（日本大学）、田部俊充（日本女子大）、中村哲（玉川大）、池俊介（早稲田大）、森下晶美（東洋大）、澤達大（京都文教大）、大西宏治（富山大）、大島順子（琉球大）、深見聡（長崎大）、Yang JaYeon（筑波大）、嘉納英明（名桜大）、下地芳郎（沖縄観光コンベンションビューロー）、東良和（株・沖縄ツーリスト）、新保元康（ほっかいどう学フォーラム）、皆実薫（日本観光振興協会）・廣岡伸雄（同）、高野満博（日本修学旅行協会）、高嶋竜平（法政国際高）、大浜護（石垣市登野城小）、慶田盛元（南城市佐敷小）、目取真康司（沖縄県教委）

また、これまで観光教育の研究を全国各地で進めることができたのは、多くの助成金のお陰です。とりわけ、文部科学省科学研究費助成金では田部俊充教授を研究代表とする「まちづくり・地域づくりのための地理教育による地理的技能と概念形成に関する研究」（課題番号：23K 00991）「地理教育を通じた児童の持つ地理的概念の変化と発達に関する研究」（課題番号：19K011176）いずれも基盤研究（C）、並びに玉川大学学術研究所助成金、日本観光振興協会受託の日本財団助成金の一部には大変、お世話になりました。この場を借りて感謝の意を表します。

令和五年十二月

寺本　潔

参考文献（発行順）

ジョン・アーリ著 加太宏邦訳（１９９８）：『観光のまなざし―現代社会におけるレジャーと旅行』法政大学出版局、２８９ページ

徳久球雄・安村克己編著（２００１）：『観光教育―観光の発展を支える観光教育とは―』（有）くんぷる発行、２５１ページ

財）国際観光サービスセンター（２００２）『カリブ観光教本（小学校用）』同センター発行、74ページ。

国際観光サービスセンター（２００３）『観光立国実践論―カリブの観光に学ぶ―（中級）』同センター発行、２５４ページ

多田治著（２００４）：『沖縄イメージの誕生』東洋経済新報社、１７９ページ

Hawaii Tourism Authority（２００５）：Hawaii Tourism Strategic Plan 2005-2015. 58p

大島順子（２０１０）：持続可能な観光を築く地域における教育のあり方。『ＥＳＤ（持続可能な開発のための教育）をつくる』ミネルヴァ書房、pp.104～122

萩巣里菜ほか（２０１１）：小学校における観光教育の可能性―京都市の次世代教育を対象として―。『日本観光研究学会紀要第26回全国大会論文集』pp.389～392

佐藤克士（２０１３）：観光研究の成果を組み込んだ「社会科観光」の授業開発とその評価.『社会科教育研究』１１８号、pp.1～14

菊地達夫（２０１４）：観光を題材とした地理授業の系統化と開発．『北翔大学生涯学習システム学部研究紀要』第14号、pp.1～14
李碩・池俊介（２０１５）：中国の地理教育における観光学習『新地理』第63巻第3号、pp.33～45
寺本潔（２０１５）４年社会科「わたしたちの県」を観光単元に組み替える提案授業―沖縄県が人気No１であるわけを考え合う―．『まなびと』（教育出版）２０１５年春号、pp.14～17
寺本潔（２０１５）沖縄県の小学校における観光基礎教育の授業モデル構築と教材開発に関する研究．『論叢』（玉川大学教育学部紀要２０１４）pp.73～85
寺本潔・中村哲・曽山毅・中嶋真美（２０１５）：小学校からの観光基礎教育のモデル授業構築に関する研究―沖縄県を事例に．『玉川大学学術研究所紀要』pp1～13
寺本潔・澤達大編（２０１６）：『観光教育への招待―社会科から地域人材育成まで―』ミネルヴァ書房、165p
寺本潔（２０１６）：沖縄県石垣島の資源を活かした地域観光学習の試み―小学校４年生を対象にして―．『地理学報告』（愛知教育大）第１１８号、pp.99～104
大島順子（２０１７）：観光の教育力の構造化に向けて．『観光科学』（琉球大学）第8号、pp.73～86
寺本潔（２０１７a）：『教師のための地図活―地図帳・地球儀・防災・観光の活かし方―』帝国書院、80p
寺本潔（２０１７b）：観光産業を支える情報のかかわり―函館市弥生小学校の実践を通して―．『まなびと』（教育出版）２０１７年春号、pp.4～9

寺本潔（２０１８ａ）：多角的な思考を伸ばす観光授業のコンテンツ―ハワイとの比較で観光地特性を学ぶ６年生―．『まなびと』（教育出版）２０１８年秋号、pp.6～11
寺本潔（２０１８ｂ）：日本地理学会第34回地理教育公開講座報告　地理が主導する小中高校観光教育の課題と展望、『新地理』第66巻第3号、pp74～80
寺本潔（２０１８ｃ）：小学校における観光を題材とした学びの現状と課題―札幌・対馬・石垣の３市への現地調査をもとにして―．『論叢』（玉川大学教育学部紀要　第18号）pp.165～184
田村学（２０１９）：深い学びに向けたカリキュラム・デザイン．『教育展望』第65巻第3号、pp.11～16
寺本潔（２０１９）：多角的な思考を育む児童生徒用の観光教材コンテンツ５例の開発、『玉川大学教育学部紀要（論叢）』第19号、pp.99～114
寺本潔（２０２０）：教育旅行と観光教育―相互補完の関係を考える―、『月刊教育旅行』No.770、pp.23～26
寺本潔（２０２０）：ＳＤＧｓを題材とした総合的な学習の時間と修学旅行への反映―熊本市立北部中学校を事例として―、『玉川大学教師教育リサーチセンター年報』第10号、pp.95～108
佐藤克士・内川健（２０２０）：「観光のまなざし」論を組み込んだ社会科観光学習―小学校第５学年単元「人気観光地！京都伏見神社の人気の謎を探れ」の場合―．『サステナビリティ教育研究』第2号、pp.13～23
寺本潔（２０２０）：観光教育と社会科教育の親和性に関する一考察、『論叢（玉川大学教育学部紀要）』第20号、pp.51～65

寺本潔著（２０２１）：『地理認識の教育学‐探検・地理区・防災・観光―』帝国書院、１３６ページ

＊寺本が記した論文は、玉川大学教育学部紀要（論叢）の２０１０年代の号や同大学学術研究所紀要、同大学教師教育リサーチセンター紀要にも多くの観光教育論文を見出すことができます。

著者プロフィール

寺本 潔（てらもと きよし）

1956年熊本県生まれ。熊本大学卒業、筑波大学大学院修了。筑波大学附属小学校教諭を経て国立大学法人・愛知教育大学に25年間勤務。その後2009～2022年度まで玉川大学教育学部教授。定年退職後、現在は東京成徳大学子ども学部特任教授・玉川大学名誉教授。非常勤講師として中京大学や上智大学、日本女子大学等でも教鞭を執った。文科省学習指導要領作成協力者や中央教育審議会専門委員を歴任し、観光庁内に設けられた協議会や日本観光振興協会内の観光人材育成部会副座長、ちゅうでん教育振興財団評議員、土木学会・土木と学校教育フォーラム幹事に参画。主著に『観光教育への招待』（澤と共編ミネルヴァ書房、2016年発行（本書は日本観光研究学会や観光学術学会より賞を授与）や『地理認識の教育学―探検・地理区から防災・観光まで―』帝国書院、2021年発行等、60冊の著作がある。

観光市民のつくり方　地域の価値を磨く子ども時代からの学び

2024年2月21日　　第1刷発行

著　者――寺本潔
発　行――日本橋出版
〒103-0023　東京都中央区日本橋本町2-3-15
https://nihonbashi-pub.co.jp/
電話／03-6273-2638
発　売――星雲社（共同出版社・流通責任出版社）
〒112-0005　東京都文京区水道1-3-30
電話／03-3868-3275

ISBN 978-4-434-33514-3